CLAIRE MARTIN

Claire Martin est née à Québec le 18 avril 1914. Elle fait ses études chez les Ursulines et chez les religieuses de la Congrégation de Notre-Dame. D'abord secrétaire, elle devient en 1941 animatrice à la station radiophonique CKCV, puis présentatrice à la radio de Radio-Canada. Après son mariage, elle s'installe à Ottawa et décide de se lancer dans l'aventure de l'écriture. Elle remporte le Prix du Cercle du livre de France avec son premier livre, qui est un recueil de nouvelles. Le premier tome de son grand récit *Dans un gant de fer* lui vaut le Prix de la Province de Québec en 1965 ; le deuxième tome, *La joue droite*, qui paraît l'année suivante, est couronné du Prix France-Québec (1966) et du Prix du Gouverneur général (1967). Après un long séjour en France, Claire Martin rentre dans son pays et s'installe à Québec où elle vit toujours.

DANS UN GANT DE FER

LA JOUE GAUCHE

Dans un gant de fer est un des plus beaux récits autobiographiques de la littérature québécoise. La narratrice y raconte son enfance, au cours de laquelle elle a été confrontée à la brutalité d'un père monstrueux et à la banalité de la vie quotidienne dans des couvents que dirigent des religieuses inhumaines. Le père est la figure centrale de ce premier volet des souvenirs de l'auteure ; il se révèle tout à la fois un être méprisable et méprisé, une brute colérique d'une violence inouïe, presque démoniaque. À ses côtés, une épouse charmante, la mère de Claire, joue un rôle effacé et soumis, marqué par la peur constante d'être frappée, violentée, meurtrie dans sa chair même. Par bonheur, les grands-parents maternels apportent à l'occasion, surtout pendant les vacances scolaires, un baume sur les plaies de l'enfant maltraitée et combien laissée à elle-même. À la manière d'Hervé Bazin dans *Vipère au poing*, Claire Martin rappelle avec une grande perspicacité les mille et un déboires, les mille et un tourments dont elle a été victime tant dans sa famille qu'au couvent. *Dans un gant de fer* est un témoignage choc, qui rappelle une époque sombre de l'histoire du Québec, et surtout une grande œuvre littéraire.

Le 25 décembre 2011

DANS UN GANT DE FER

LA JOUE GAUCHE

Pour plusieurs raisons
ce livre autobiographique
m'est apparu comme
un bon choix pour toi.
Notamment, pour sa
critique du monde
religieux de l'époque...
Joyeux Noël !!
Ève
& Nicole

CLAIRE MARTIN

Dans un gant de fer

La joue gauche

BIBLIOTHÈQUE QUÉBÉCOISE

BQ BIBLIOTHÈQUE QUÉBÉCOISE est une société d'édition administrée conjointement par les Éditions Hurtubise HMH et Leméac Éditeur. BQ reconnaît l'aide financière du gouvernement du Canada par l'entremise du Fonds du livre du Canada pour ses activités d'édition et remercie le Conseil des Arts du Canada, la Société de développement des entreprises culturelles du Québec (SODEC) et le Programme de crédit d'impôt pour l'édition de livres du Québec (Gestion SODEC) du soutien accordé à son programme de publication.

Conception graphique : Gianni Caccia
Typographie et montage : Dürer *et al.* (Montréal)

Données de catalogage avant publication (Canada)

Martin, Claire, 1914-
Dans un gant de fer
Éd. originale : Montréal : Cercle du livre de France, C1960.
L'ouvrage complet comprendra 2 vol.
Sommaire : [1] La joue gauche

ISBN 978-2-89406-158-9 (VOL. 1)
ISBN 978-2-89406-159-6 (VOL. 2)

PS8511.A84D3 1999   C848'.54   C99-941049-0
PS9511. A84D3 1999   PQ3919.M37D3 1999

Dépôt légal : 3ᵉ trimestre 1999
Bibliothèque nationale du Québec

IMPRIMÉ AU CANADA

On doit des égards aux vivants;
on ne doit, aux morts, que la vérité.

VOLTAIRE

J'ai tout pardonné. Pourtant, quand j'avais vingt ans, si l'on m'eût dit que je pardonnerais, et facilement encore, mon dépit eût été grand. J'y tenais à ma haine. Il ne se passait pas de jour que je ne la secoue. Non pas pour m'en défaire. Pour m'assurer de sa vigueur. Pour réentendre le tintement des vieilles chaînes. Pour me convaincre qu'il ne fallait jamais arriver où j'en suis. Mais la haine et la rancœur sont choses si inutiles qu'une aération quotidienne ne les empêche pas de se vermouler. De tous les lieux communs, le plus commun c'est, je pense, que le temps est le plus grand des remèdes.

Le temps... Et pour moi, et pour LUI. Les dernières années, il était sans défense, fragile et pitoyable, à la merci d'autrui autant que peut l'être un enfant. C'est trop difficile de refuser le pardon à un enfant. De sa violence et de sa tyrannie, il avait perdu jusqu'au souvenir et il eût été bien étonné d'apprendre que nous ne l'avions pas toujours aimé. Il est parti comme un bon père de famille, content de lui et content de sa progéniture. Tout semble ainsi fort bien. L'époque où je n'imaginais ce passage que précédé de dramatiques reproches me paraît bien lointaine. Des reproches ? Et à qui ? À ce petit être ridé, fondu de moitié, tremblant, démuni de tout ce qui fait l'homme — la vue, l'ouïe, le muscle, l'entendement ? À ce petit être dépossédé de la force cruelle qui avait été à la fois son orgueil et son maître ? Il ne nous inspirait plus que douceur, la douceur qu'à l'autre bout de ses quatre-vingt-dix années il avait dû inspirer à sa mère, comme si la filiation, entre lui et nous, avait rebroussé chemin. J'avais toujours su qu'il vivrait très vieux bâti comme il était à chaux et à sable, mais je n'avais pas prévu que sa longévité donnerait à ma pitié le temps de survenir.

Quand on a vraiment pardonné, quand on l'a fait après réflexion et non parce qu'on a oublié — servie par une mémoire impitoyable je n'ai rien oublié — quand on s'y est résolu sans affadir le pardon par des considérations morales — je veux dire quand on a pardonné à son père non pas parce qu'il est le père mais comme à n'importe quel être humain qui vous eût offensé, et c'est tout cela que j'entends par avoir vraiment pardonné — on ressent une paix intérieure que rien d'autre ne peut apporter.

À première vue, l'idée de pardon se marie mal avec la décision que j'ai prise de raconter mon enfance. Ceci n'a rien à voir avec cela. Non, mon père est bien à sa place ici car il était vraiment de ces personnages dont on dit qu'ils sont «comme on en trouve dans les livres».

Et maintenant, si je veux raconter les choses telles qu'elles furent, il me faut remiser cette pitié, à moi venue comme une visiteuse tardive qui sonne à la porte au milieu de la nuit, une visiteuse à qui il faut dresser un lit, faire une place, avec qui il faudra compter demain matin.

Je ne sais pas à quel âge j'ai compris que, là où j'étais née, le bonheur ne serait pas mon lot. Mais je peux dire, certes, que je n'étais pas bien grande. Je me suis aperçue un jour que c'était raté et que je le savais depuis longtemps : j'étais de l'espèce enfant-martyr et, de ma catégorie, il y en avait plein la maison. Aussi est-ce d'un œil aigu que j'ai regardé passer mon enfance, avec un vif sentiment d'anomalie, de monstruosité.

On me dit, parfois, quand je parle de ce livre que j'écris : « C'est votre folklore. La mémoire n'y est pour rien. On n'a pas de sa petite enfance de souvenirs aussi précis. » Avec une pointe d'envie, je me dis que mon interlocuteur a vécu une enfance heureuse. L'enfance heureuse laisse peu de souvenirs. C'est un flot égal où flottent de menus objets : une partie de campagne, un jouet préféré, un déjeuner d'anniversaire. Mais quand on a, chaque heure qui vient, raison de craindre que les malheurs d'aujourd'hui soient encore plus grands et plus nombreux que ceux d'hier, l'attention s'affûte et se révèle scandaleusement précoce. La mémoire aussi, par voie de conséquence.

L'espoir s'aiguise tout autant. « Quand je serai grande… » Mais ces lendemains se situent si loin et l'enfance est si longue que je me suis demandé bien souvent où je trouverais la force d'attendre.

On nous disait, pourtant, que nous vivions les plus belles années de notre vie mais que nous étions trop sots pour apprécier notre bonheur. Ritournelle connue que nous avions le bon sens de ne pas prendre au sérieux. Si sots que nous fussions, nous ne l'étions pas tant que de ne pas espérer mieux de la vie. L'espoir, si éloignées qu'en puissent être les réalisations, l'espoir, que l'enfant serait bien empêché d'expliquer avec des mots, l'espoir est non seulement précoce, il est inexpugnable.

De toutes façons, nous n'avions pas la parole. C'était nos plus belles années, et cela restait entendu une fois pour toutes. Les plus cruels châtiments n'étaient que partie de notre bonheur. Qui aime bien châtie bien et les enfants doivent être guidés par une main de fer dans un gant de velours. Ceci dit, on enfilait sur la main de fer un gant de fer et on châtiait bien. De velours, point. Lève-toi, marche, agenouille-toi, tends la joue gauche et la droite. Deux coups de gant. Tais-toi, tu es heureux.

Je suis née, le 18 avril 1914, du mariage d'un tigre et d'une colombe. Vous me direz qu'un tigre et une tigresse eussent fait une paire plus dangereuse. Je n'ai pas d'opinion là-dessus. Tout ce que je sais, c'est que j'eusse préféré que la colombe se mariât au sein de son espèce.

À vingt-trois ans, maman était encore célibataire et j'imagine qu'autour d'elle on s'inquiétait. Elle avait été plusieurs fois demandée par des jeunes gens de Montréal où elle allait souvent, chez sa cousine Antoinette Lafontaine, mais elle ne voulait pas quitter la ville où vivaient ses parents. C'est ce que mon oncle m'a raconté. Cela est plausible et correspond fort bien au caractère de la jeune fille qu'elle fut certainement.

Je les connais bien, les femmes de cette génération. Il semble que ce fut chez elles que la timidité, la crainte, l'incapacité de vivre, la peur du siècle et celle de l'au-delà atteignirent leur culminance. Auparavant, les femmes — celles des villes en tout cas — respiraient encore un peu de cet air libre qui avait soufflé avant l'époque victorienne. Grand-maman, ses sœurs, ses belle-sœurs, quoique fort éloignées de l'esprit voltairien, étaient plus audacieuses que maman. Les grands-mères de maman, si j'en crois les quelques anecdotes qu'on m'a rapportées, l'étaient encore plus. À l'autre extrémité, dès ma génération, nous avons commencé à rejeter le carcan. Ma pauvre mère et ses contemporaines ont vraiment vécu l'étape la plus étouffante de l'aventure féminine.

Aventure, je crois, plus pénible ici qu'ailleurs car, si à l'écart que nous soyons, nous avons été au point de croisée de toutes les réactions, au carrefour le plus battu qui se vît jamais sur le chemin de la cagoterie. J'ai parlé d'ère victorienne. Nous savons tous ce que le monde doit à Victoria. Nous étions fort bien placés pour sentir tout le poids de la chose. Ajoutons à cela le *puritan way of life* des Américains et l'influence non négligeable des clercs bretons et autres que nous valut l'anticléricalisme français et qui nous arrivèrent bien résolus à lutter contre tout ce qui pourrait les amener à déménager encore un coup. Et voilà les Québécois, mais combien plus les Québécoises, parqués dans un espace assez mal oxygéné où le romanesque n'avait pas cours.

Maman était une femme intelligente. Cela ne l'empêcha pas d'être chroniquement terrifiée par ces croque-mitaineries et même de les tenir pour justes. Le piège où la vie la précipita, je la vois le tendre elle-même sous ses pas. Je la vois nourrissant envers ses parents un amour plus enfantin que filial. Je la vois point trop disposée aux bouleversements de la passion et pas du tout convaincue que la recherche du bonheur terrestre est légitime. Je la vois aussi, toute persuadée qu'aucune femme n'a le droit de se soustraire à la tâche que le ciel exige de son dévouement. Les femmes sacrifiées ne seront jamais si nombreuses qu'à son époque. Par exemple, presque chaque famille comptait «une fille qui ne s'était pas mariée», pour prendre soin d'une vieille mère impotente ou de jeunes neveux orphelins, et cela se prenait comme un dû.

Mon père était veuf d'une pauvre petite fille, morte à vingt-deux ans, qui s'appelait Laura et qui avait laissé un garçonnet, Gérard. L'enfant venait d'être malade. Un jésuite, qui se trouvait être le confesseur de maman, fut chargé de trouver une mère pour l'enfant et une femme pour le père. Que maman ait vu en tout cela — la perspective de vivre près des siens, l'enfant malade, la recommandation du confesseur — des manifestations providentielles rien n'est plus certain. Bref, mon père fut agréé.

On m'a répété qu'une parente de la pauvre Laura était venue voir grand-maman, la veille de la cérémonie, et qu'elle l'avait suppliée de renvoyer mon père pendant qu'il en était encore temps. Ces sortes de démarches sont toujours trop tardives pour être efficaces. En 1908, il devait être encore plus difficile qu'aujourd'hui de rompre un mariage la veille de sa célébration. Il se célébra et les époux partirent pour leur voyage de noces. Le lendemain, ils étaient de retour sans que personne sache pourquoi et maman avait, m'a-t-on dit, «la mort sur le visage».

Il ne m'est pas difficile d'imaginer toute l'époque qui précéda ma naissance. L'invariabilité est le propre de ces situations. Je n'ignore pas, par exemple, que maman savait déjà à quoi s'en tenir lorsque naquit ma sœur aînée après dix mois de mariage, qu'elle avait déjà été cruellement battue, que mon père essayait déjà de l'empêcher le plus possible de voir grand-papa et grand-maman.

Au bout de six ans, le tigre et la colombe avaient quatre rejetons, dont j'étais le plus jeune.

Le plus lointain de mes souvenirs, j'avais deux ans, est charmant. Fort vague mais charmant. C'est une veine. Un peu moins de mémoire et le deuxième passait au premier rang, ce qui eût été pour moi un assez grand malheur.

J'ai toujours eu les cheveux crépus. Cette chevelure, au reste, aura été mon affliction. Elle m'a valu les persécutions des bonnes sœurs, l'envie des fillettes aux cheveux raides et le mépris des coiffeurs. La démêler, quand elle avait ce vaporeux d'avant les premiers coups de ciseaux, n'était pas une mince affaire. Aussi n'ai-je pas oublié la salle de bains aux murs d'un vert frais, le haut tabouret, moi dessus, et grand-maman chantant pour me faire croire que je n'avais pas mal. Je me souviens même de la chanson car elle chantait encore la même, en me peignant, plusieurs années plus tard, alors que j'étais arrivée à l'âge de la mémoire véritable, celle qui apprend.

En mon jeune temps, me disait grand-mère
Tout était bien mieux qu'au temps d'aujourd'hui.

Ça, c'était le couplet.

Nous jouions à pigeon-vole...

C'était le refrain. Il finissait — j'ai oublié les paroles exactes —, en insinuant que «votre grand-père me trouvait sans chercher bien loin». Elle chantait à la mode de ce temps, la voix sombrée. Je croyais, bien sûr, que c'était d'elle et de grand-papa qu'il s'agissait dans la chanson. Il n'est pas nécessaire de compter beaucoup d'années pour comprendre qu'un homme et une femme s'aiment. Les petits sentent cela tout de suite à la paix dans laquelle ils vivent. C'était trop beau pour durer.

Ce long séjour chez grand-papa, nous le devions à la séparation de nos parents. Un jour, maman n'avait plus pu tenir et elle était partie avec les quatre enfants qu'elle avait à l'époque. J'ai entendu raconter ce seul exploit de la vie conjugale de maman au moins vingt fois par mon oncle, son frère. Avec grand-papa, il avait été voir le patron de mon père — par bonheur, ce ministre se trouvait être de leurs amis — et l'avait supplié d'éloigner le tigre quelques jours pour que nous puissions partir en paix. Le ministre n'y alla pas de main morte : mon père fut envoyé à la baie d'Hudson pour six mois. Il n'eut pas sitôt tourné le dos que nous partîmes tous les cinq, avec armes et bagages. Armes, c'est une façon de parler. Nous étions plutôt de l'espèce désarmée. Maman écrivit une petite lettre de rupture et grand-papa nous garda deux ans.

Il ne faut pas manquer de dire, ici, que grand-papa était le beau-père de maman. Mon véritable grand-père maternel, Joseph Martin, mourut alors que maman était encore fillette (elle s'appelait donc Martin ; j'ai pris son nom de famille dès que j'eus trouvé prétexte à me choisir un pseudonyme, c'est-à-dire lorsque je devins speakerine à la radio). Ce Joseph Martin était un brillant jeune avocat à qui la politique commençait à sourire. Il a écrit un «Code municipal de la Province de Québec», ce qui ne m'autorise pas à dire que je tiens de lui le goût d'écrire. Il n'avait pas rendu sa femme heureuse. À sa mort, ses affaires étaient fort embrouillées et grand-maman dut donner des leçons de piano pour gonfler son budget trop mince.

J'ai eu la curiosité de chercher un peu du côté de ce grand-père Martin qui — son fils n'ayant pas eu d'enfants — n'a laissé que moi de Martin, en somme. De toutes façons, le nom ne semblait pas destiné à se léguer régulièrement si l'on en juge par cette gentillesse qui a perlé sous la plume du Père Le Jeune: «Le nom des Martin ne s'est pas perpétué par les mâles mais seulement par les Plaines d'Abraham.» Je comprends mal cette généalogie, mais je sens bien que je suis ici, et tous nos Martin avec moi, par un hasard étrange[1].

---

1. Dans le *Dictionnaire général de biographie, histoire, littérature, agriculture, commerce, industrie et des arts, sciences, mœurs, coutumes, institutions politiques et religieuses du Canada* par le R. P. Louis Le Jeune, tome second, p. 248, on peut lire:
«MARTIN (Abraham) (†1664), dit l'Écossais, pilote, cultivateur, commis de la compagnie des Marchands.»
Sont ensuite donnés les principaux détails, certains ou hypothétiques, de sa vie. L'article énumère alors la liste de ses enfants. Seules ses filles, au nombre de sept, se marièrent. Sur l'aîné de ses deux fils, on ne nous indique rien d'autre que la date de son baptême à Québec en 1621. Le second fils, devenu prêtre, fut le premier curé de Sainte-Foy.
«Ainsi, ajoute la notice, le nom de Martin, comme celui d'Hébert, ne s'est point perpétué par les mâles, mais seulement par les Plaines d'Abraham.»
À la réflexion, tout cela est encore plus catastrophique pour les Hébert qui n'ont même pas d'Abraham, eux. Le R. P. Le Jeune était breton. Il était né à Pleyber-Christ, dans le département du Finistère, en France. Il est mort à Ottawa en 1935.

D'où qu'il vint, Joseph Martin rejoignit, en 1885, beaucoup d'autres Canadiens français. 1885 : exécution de Louis Riel. Mon grand-père fut l'un de ceux qui, à l'occasion de ces événements, abandonnèrent avec fracas le parti conservateur. Lorsque, à Québec, on brûla Sir John A. McDonald en effigie, il prononça des «paroles historiques» dont le souvenir a été conservé : «Je romps avec mon parti, avec le parti de Sir John, esclave d'une poignée d'orangistes.» Puis il se présenta, aux élections fédérales de 1887, contre le Ministre de la Milice, Sir Adolphe Caron qui fut réélu de justesse. Après ces événements et la position prise par les évêques aux côtés des Anglais, Joseph Martin abandonna la pratique religieuse, ce qui fut une cause de mésentente grave entre lui et ma pieuse grand-maman. Il mourut le 20 avril 1896, trois jours avant le triomphe de Wilfrid Laurier contre qui les mêmes évêques avaient fait campagne. Il avait quarante et un an et il mourait tôt à tous égards.

Au demeurant, l'affaire Riel eut beaucoup de retentissement dans ma famille maternelle et l'on n'en parlait pas sans réticences. Nous nous représentons de mieux en mieux, maintenant, les bouleversements qui en résultèrent. Des familles d'allégeance conservatrice voyaient avec horreur certains de leurs membres passer dans le nouveau parti. De pieux jeunes hommes, scandalisés par la trahison des clercs, devenaient ce que l'on appelait, derrière la main, «des voltairiens» et quelques-uns de ceux qui étaient déjà d'esprit libéral devenaient «libres penseurs». Tous ces mots n'étaient pas facilement prononcés et je me souviens que maman nous parlait, parfois, en termes hésitants et mystérieux, du mari de sa cousine. Cet homme, Alfred Pelland, s'était occupé du fils de Louis Riel jusqu'à ce que l'orphelin eût atteint l'âge d'homme.

J'ignore jusqu'où l'affaire Riel avait influencé Alfred Pelland, mais je sais bien que lui non plus «n'était pas pieux» pour employer l'euphémisme de maman quand elle en parlait. Au reste, il ne fut jamais du parti de la soumission: avec l'aide de deux camarades — Honoré Mercier et Paul de Martigny — il avait tenté de faire sauter la colonne Nelson, à Montréal, ce qui causa quelque remous dans l'empire de la reine Victoria. Il mourut subitement, sans avoir le temps (et je reviens au vocabulaire maternel) de se reconnaître et de recevoir les secours de notre sainte mère l'Église, de quoi sa femme ne se consola jamais.

Grand-maman, après deux années de veuvage, rencontra un jeune pharmacien, François Chavigny de la Chevrotière (grand-maman s'appelait Oliérie Douaire de Bondy; avec ces noms à tiroirs, ils étaient prédestinés à s'entendre). Ils s'épousèrent par amour, ce qui n'eut pas l'heur de plaire à la famille Martin. Il semble que l'amour, en 1898, était un sentiment bien déconsidéré au pays du Québec.

— Oliérie, dit un jour ma grand-tante Martin, n'avait aucune raison de se remarier car nous pouvions l'aider pécuniairement.

Tous les commentaires dont je pourrais tirer parti sur cette énonciation nuiraient à sa pure beauté. Aussi n'en ferai-je pas.

La famille de grand-papa de la Chevrotière était bien différente de la famille Martin. La politique et le droit, qui vont si souvent ensemble en ce pays, n'avaient attiré ni grand-papa ni son père, qui fut arpenteur-géomètre, et il faut remonter à la génération précédente pour trouver le notaire. La famille vivait, depuis 1672, sur son fief de Deschambault et grand-papa était le premier aîné à quitter le manoir familial pour faire carrière à la ville.

J'ai en main l'histoire de cette famille et je ne résiste pas au plaisir de la raconter un peu. Le premier du nom, originaire de Créancey en Champagne, arriva ici en 1641. Il avait épousé Éléonore de Grandmaison qui, à dix-neuf ans, en était déjà à son deuxième mariage et qui devait, par la suite, se marier deux autres fois. J'ai toujours trouvé l'histoire d'Éléonore, avec tous ces veuvages et ces remariages, un peu trop meublée et trop romanesque pour être édifiante. M. Pierre-Georges Roy se demande: «Qui inspira à M. de Chavigny l'idée de passer dans la Nouvelle-France?» Et il se livre tout de suite à de pieuses hypothèses: M. de Chavigny était parent de Madame de la Peltrie qui vint ici avec la Mère Marie de l'Incarnation, il lisait les *Relations* des Jésuites. Je veux bien. Mais quand on considère que ce M. de Chavigny retournera mourir seul en France après «avoir abandonné tout ce qu'il possédait en ce pays», que sa femme prit un troisième mari, le Sieur de Beaulieu, assassiné plus tard par un de ses valets, puis un quatrième, M. de la Tesserie, moins de cinq mois après le meurtre de M. de Beaulieu, on commence à se demander, en effet, si M. de Chavigny n'avait pas eu, en son temps, de bonnes raisons pour s'exiler.

Quoi qu'il en soit, il avait laissé six enfants en Nouvelle-France et l'une de ses filles, Marguerite, épousa Thomas Douaire de Bondy. De telle sorte que, si grand-papa n'était pas mon grand-père, il se trouvait du moins, par cette lointaine union, mon cousin à la je-ne-sais-combientième génération, et cela me ravit. Ce petit cousin est le seul grand-père dont je me réclame et le seul homme que j'ai aimé d'un profond amour filial.

J'ai toujours vu, chez lui, une photo ou un portrait, je ne sais plus bien, d'André-Hospice-Télesphore, l'arpenteur-géomètre, qui était mort subitement alors qu'il travaillait loin de Deschambault. On avait apporté son cadavre au manoir, un soir de décembre et, bien des années après, grand-papa parlait de cet événement avec beaucoup de tristesse. Cependant, ironique comme il l'était, j'imagine qu'il ne pouvait se reporter sans rire à l'article nécrologique qu'écrivit à cette occasion un certain abbé Thibeaudeau. Cela pourrait s'intituler «Exercice sur les lieux communs» et une telle raison suffit, je pense, à motiver une citation:

Nous avons appris avec la plus vive douleur la mort de T.-C. de la Chevrotière, écuyer, arpenteur, de Deschambault, décédé le 6 courant dans le canton Peterborough où il était en arpentage pour le gouvernement. Cette mort arrivée dans des circonstances aussi étonnantes qu'inattendues a jeté le deuil non seulement dans sa famille mais encore dans toute la paroisse de Deschambault, où il ne comptait que des amis.

Parti depuis trois semaines avec ses hommes pour remplir ses instructions, il était sur le point de mettre la dernière main à l'œuvre pour revenir parmi les siens, quand lundi soir, après une rude journée de travail à travers bois, à deux milles des habitations, il fut pris d'indigestion qui le fit passer de vie à trépas en moins d'un quart d'heure. Il mourut entouré de quelques hommes qui l'aidaient dans son travail et que le râlement de l'agonie avait rassemblés sous sa tente. Ceux-ci lui prodiguèrent tous les soins possibles mais tout fut inutile.

Hélas! Il est bien vrai de dire que la mort ne choisit pas ses victimes! Elle frappe parfois d'une manière si étrange et si subite qu'elle bouleverse tous ceux qui sont témoins des coups qu'elle porte: telle a été la fin tragique de M. de la Chevrotière. Cependant, et c'est ce qui doit faire la consolation des parents et des amis, la Providence ne pouvait pas appeler à Elle une âme mieux disposée dans des circonstances aussi précipitées.

Père de famille modèle, citoyen honnête, respectable et respecté de tous, chrétien sincère et fervent, M. de la Chevrotière a passé sur la terre en faisant le bien. Comme chef de famille, il éleva ses enfants avec toute la bonté, la prudence et la sévérité d'un homme de devoir: il leur donna durant sa vie entière, les exemples de la Foi la plus vive et de l'amour de Dieu le plus parfait. Comme citoyen, il était en relations avec la plus haute société: estimé dans sa paroisse, on ne lui connaissait pas un seul ennemi; bien connu à Québec où il comptait un grand nombre d'amis, sa mort a été apprise avec le plus vif regret.

Je m'arrête sur cette jolie anacoluthe, bien avant l'abbé Thibeaudeau qui continue son exercice sur plusieurs pages et qui termine comme il se doit par une citation latine de la Bible: «*Paratus sum, et non sum turbatus.*»

Puisque j'en suis aux origines, je veux noter les rares indications que je possède sur celles de grand-maman. Sa mère s'appelait Adeline Franchère. Elle était de la même famille que Gabriel Franchère qui fit la traite des fourrures dans l'ouest du pays, participa à la fondation d'Astoria à l'embouchure du fleuve Columbia et écrivit là-dessus une *Relation d'un Voyage à la Côte du Nord-ouest de l'Amérique septentrionale dans les années 1810, 12, 13 et 14*. Si ma mémoire est fidèle grand-maman en avait un exemplaire dans sa bibliothèque. Mais que sont devenus les livres de mes grands-parents?

Du côté Douaire de Bondy, le premier du nom, au Canada, fut ce Thomas qui épousa Marguerite de Chavigny. Il était de St-Germain d'Auxerre. Il se noya près de l'île d'Orléans en juillet 1667 et voici ce qu'en dit le *Journal* des Jésuites aux dates des 19 et 22 juillet:

Le 19. Le sieur Bondy étant ivre, noyé vers l'île d'Orléans.

Le 22. On trouve le corps de Bondy on l'enterre comme un chien vers notre moulin.

En effet, pour inciter nos ancêtres à l'abstinence, on n'avait pas trouvé mieux que de leur refuser la sépulture chrétienne s'ils mouraient en état d'ivresse. Il semble que l'ennui, qui devait être assez effroyable en ce jeune pays si l'on en juge par celui qui s'y distille encore après trois siècles, pouvait parfois être plus fort que la peur. Je note en passant un curieux mépris des chiens chez ce charitable jésuite.

Le père de grand-maman, Agapit Douaire de Bondy, était médecin à Sorel. Il venait de Lavaltrie où il est enterré près de sa femme. L'histoire de sa mort, que grand-maman me racontait souvent, me terrifiait. Il revenait de visiter ses malades par un jour de grand froid. La place de l'Église était glacée comme une patinoire. Les chevaux s'y affolèrent, tournèrent trop court et firent verser le traîneau. Le docteur de Bondy donna violemment de la tête sur la glace mais il put rétablir la voiture et continuer sa route. Seulement — et c'est ici que l'histoire me donnait le frisson — il entra chez lui en disant: «Qu'on aille chercher le prêtre et le notaire. Je viens de me tuer.» Il eut le temps de dicter son testament, de recevoir les derniers sacrements, puis il mourut. Ce récit me stupéfiait et je demandais sans cesse à grand-maman de me le redire.

— Il a dit ça, grand-maman? «Je me suis tué?»

— Oui, il a dit ça. Il s'était fracturé le crâne et il le savait.

Je n'étais pas éloignée de croire que je descendais d'un prophète.

J'aimais bien aussi me faire raconter l'histoire du zouave pontifical, plus mystérieuse encore et plus tragique. Il s'agissait d'un frère de grand-maman, Agapit — ce prénom, chez les de Bondy, se conservait d'une génération à l'autre tout comme celui de François se retrouve sans cesse dans la généalogie de grand-papa de la Chevrotière. En 1868 — il devait être l'un des aînés de la famille car grand-maman n'avait alors que six ou sept ans —, il s'en fut défendre Pie IX, comme plusieurs Canadiens français et, comme la plupart de ceux-là, je crois bien, il n'eut pas l'occasion de se battre. Sain et sauf et près de revenir au pays, il sortit seul le dernier jour. Le lendemain, à l'aube, on retrouva son cadavre un poignard entre les épaules. Il s'était traîné jusque dans la cour de la maison ou de la caserne qu'il habitait.

— Pourquoi l'avait-on tué, grand-maman?

— Je ne le sais pas. C'était une époque troublée. Peut-être l'avait-on pris pour un autre ou voulait-on le voler.

— Peut-être qu'un mari jaloux... insinuait grand-papa en riant un peu — ce deuil avait plus de cinquante ans.

L'histoire du mari jaloux ne me semblait pas bien romanesque. Je préférais l'autre explication. Être assassiné par erreur sans que personne ne puisse jamais savoir à la place de qui, cela m'ouvrait un tel champ de suppositions que la tête me tournait. Il ne me venait pas à l'idée qu'il avait été pris, tout simplement, pour ce qu'il était : un zouave. Pendant deux ou trois jours, je cherchais de nouvelles solutions dont je faisais part à grand-maman.

— Comment! tu penses encore à lui?

Eh oui! j'y pensais et j'y pense encore quelquefois. Dans la Cathédrale de Montréal, à main gauche en entrant, il a son nom gravé, avec celui des autres zouaves, «A. Bondy». Ironie du sort... Sa mort et celle de l'ancêtre Thomas ont probablement la même cause profonde, l'ennui.

Que je les aimais, même ceux que je n'avais jamais vus, tous ces Bondy. Il leur suffisait d'être apparentés à grand-maman. Pendant les longs séjours que je fis chez elle, durant mon enfance, une de mes occupations préférées était de chercher leurs photos dans l'album : ma grand-tante Éloïse, si belle et si mince, et son mari le docteur de Pontbriand (lequel épousera, en secondes noces, la grand-mère de mon ami le romancier Jean Filiatrault) ; ma grand-tante Marie-Louise, que j'aimais particulièrement et qui fut ma marraine de confirmation, et ses enfants les cousins Paulet; mon grand-oncle Ovide, le musicien, qui habitait les États-Unis.

Parfois, en dépouillant le courrier, grand-maman s'écriait:

— Voilà ta tante Marie-Louise qui arrive la semaine prochaine.

Je téléphonais vite à grand-papa pour lui annoncer la nouvelle. Téléphoner n'était pas difficile, même à une bambine. D'abord, il y avait la demoiselle du téléphone à qui l'on confiait le numéro désiré et puis, ce numéro, il n'était que de trois chiffres. Aussi résistais-je mal à la tentation de téléphoner sans cesse.

Quand il se passait quelque grand événement à Québec, tante Marie-Louise venait avec toute sa famille y compris sa sœur Éloïse dont la santé fragile ne favorisait guère les déplacements. Grand-maman sortait ses plus belles toiles, dressait des menus, passait chez le fleuriste. Comme, chez mon père, nous ne recevions jamais âme qui vive, ces préparatifs — surtout la course chez le fleuriste — me plongeaient dans l'allégresse.

L'allégresse était, au surplus, mon état le plus constant lorsque je me trouvais chez mes grands-parents. Un état toujours menacé — mais dans la petite enfance les menaces au bonheur sont facilement négligées. La semaine prochaine, c'est le bout du monde, et l'heure du départ est inimaginable. De plus, j'étais toujours secrètement bercée de la merveilleuse illusion qu'un événement finirait bien par arriver qui me fixerait là d'où personne ne pourrait plus venir m'enlever.

La vie me réservait, en fait, tout le contraire d'une réalisation de cet espoir. Un jour, nous avons été brutalement et haineusement séparés. Nous ne pouvions plus que nous écrire: «Nous nous retrouverons, nous ne nous quitterons plus», mais nous ne nous sommes jamais revus. Plusieurs nuits par année, je rêve qu'une porte devant laquelle je passe par hasard s'ouvre d'un fil, prudemment. On m'appelle à voix basse. J'entre et je tombe entre leurs bras. Ils me racontent en m'embrassant que, depuis tout ce temps, ils vivent là cachés en attendant que je sorte de ma prison et que la chance m'amène devant leur porte. Notre amour n'a pas changé et, quand je m'éveille, je mets toujours bien du temps à comprendre que j'ai rêvé.

Si grand-maman était pieuse, elle n'était pas cagote. Elle aimait rire, car elle était jolie, intelligente et fort cultivée, toutes choses qui rendent les femmes gaies. Les lettres qu'elle m'adressa quand il ne nous fut plus permis de nous voir, étaient ravissantes, pleines d'humour. Et pourtant, à cette époque, les raisons d'être gaie lui manqueront singulièrement. Une autre chose qui me plaisait bien en elle, c'était qu'elle ne croyait pas qu'il y eût conflit entre intellectualité et habileté manuelle. Dans ma famille paternelle, on maintenait que les «cérébrales» (ne prononcez ça que la bouche très très pincée) ne savent rien faire de leurs dix doigts. J'ai souvent vérifié, après l'avoir d'abord expérimenté auprès de grand-maman, que ce sont elles, et non les autres, qui font les plus fines reprises, les meilleurs plats et les robes dont les manches s'entournent bien. Grand-maman pouvait parler de tout et faire tout ce qu'il est humainement possible de faire avec deux mains humaines. Ainsi, quand son fils se maria, faute d'avoir pu dénicher un tailleur dont les capacités répondissent à ce qu'elle requérait chez celui qui coudrait le vêtement nuptial, elle le confectionna elle-même.

— Il était si bien fait, me dit souvent mon oncle, que je le portai jusqu'à ce qu'il montre la corde.

Envers elle, grand-papa fut toujours attentif, tendre, débordant d'admiration. Il était gai lui aussi, jamais à court de bons mots. Jamais à court de générosité non plus. Son commerce était prospère et pourtant il n'a presque rien laissé. Il n'est pas difficile d'imaginer où passaient ses économies. Nous nous aimions, lui et moi, d'un amour sans pareil, une passion. J'en suis restée marquée pour ma vie. On n'a jamais pu me séduire si on n'était pas de son espèce.

Quand nous arrivâmes chez lui, je venais de naître, aussi resterai-je toujours, en cette maison, et sans égard à ceux qui naîtront plus tard, la dernière-née avec tout ce que cela comporte de privilèges et je pense surtout à ces escales heureuses, à toutes ces vacances douces que je fus la seule à connaître.

Au bout de deux ans, mon père en eut assez de vivre en célibataire. Il s'en fut mijoter une réconciliation avec le confesseur de maman — le même jésuite toujours — qui arriva chez mes grands-parents chargé de serments et de promesses de la part de mon père. Chargé de menaces de sa propre part, aussi. À l'entendre, une femme séparée de son mari était responsable de tous les péchés que cette solitude pouvait entraîner et cela seulement comptait. Il y avait de quoi terrifier la pauvre femme, d'autant plus que mon père avait pris la précaution de lui écrire quelquefois pour lui faire savoir «qu'il avait toutes les femmes dont il avait besoin». D'autre part, il y avait les promesses: elle ne serait plus battue, ne manquerait de rien et pourrait voir ses parents souvent.

Nous partîmes donc. La séparation dut être cruelle car je sais que grand-maman n'accordait guère de créance à tous ces beaux serments.

Pour nous loger, mon père acheta une grande maison, belle mais redoutablement glaciale en hiver. Il la choisit située dans une banlieue peu fréquentée l'été et déserte le reste du temps. Elle était construite au milieu d'un vaste terrain inculte et l'avait été, sans doute, pour abriter quelque schizophrène ou quelque criminel fuyant la justice. Juste ce qu'il nous fallait. Nulle route n'y conduisait. Il fallait, pour s'y rendre, emprunter le petit chemin de fer desservant les riverains de Québec à la Malbaie. De la maison au quai de ce que je ne peux guère appeler la gare — il n'y avait que ce quai et un chétif abri empestant l'urine — un sentier boueux. Le voisin le plus rapproché habitait à un quart d'heure de marche, à peu près. En tout cas, il n'était pas à portée de la voix. On pouvait bien crier «au secours» ça n'irait pas bien loin. Le piège avait joué et la trappe tiendra pendant plus de vingt ans.

Je n'ai gardé aucun souvenir de cet emménagement, mais les trois aînés m'ont souvent raconté que l'ancien propriétaire avait laissé dans le grenier un petit voilier qu'ils mirent à l'eau dans le ruisseau voisin et que le courant emporta, une nuit. En ai-je rêvé de ce voilier pendant les interminables journées de mon enfance sans jouets! J'enrageais de ne pas pouvoir m'en souvenir et je ne comprenais pas que les autres le pussent. Maman m'expliqua, à ce sujet, ce qu'était la mémoire et nous découvrîmes, au cours de cette conversation que, si je n'avais pas oublié la salle de bains où grand-maman me coiffait alors que j'avais deux ans, ma sœur Dine se rappelait la cuisine d'une maison qu'au même âge, elle avait quittée pour n'y plus revenir. Dans les deux cas, les murs étaient verts. De la couleur verte et de la mémoire enfantine? Qui sait?

Outre le voilier, il se trouvait dans le grenier quatre ou cinq énormes cartons qui contenaient de monstrueuses couronnes mortuaires faites de fleurs de toile mauve et violette. Madame Gagnon, de qui nous avions acheté la maison, était toujours censée les envoyer prendre. Il était bien défendu d'entrouvrir, même, les cartons. Cependant, les fleurs se laissaient arracher avec tant de facilité, elles faisaient de si jolis bouquets, que ce n'était pas une mince tentation. Madame Gagnon, qui semblait avoir quitté nos parages pour n'y plus jamais revenir, ce dont je ne saurais la blâmer, ne réclamant toujours pas son bien, maman, lassée de nous réprimander à ce sujet, expédia les couronnes à la veuve. J'imagine un peu quelle fut sa surprise en recevant ce colis au bout de sept ou huit ans. Il serait drôle de pouvoir ajouter qu'elle s'était entre-temps remariée, mais je n'en sais vraiment rien.

Mes parents s'étaient réconciliés en juin. En juillet, maman devint enceinte de son cinquième enfant. Quel pouvait être l'état d'esprit de cette pauvre douce et faible femme en se retrouvant, comme devant, productrice de petits malheureux dont elle savait bien qu'une partie de leur vie, au moins, serait abominable?

En tout cas, elle les faisait solides. Celui-là eut l'occasion de le prouver dès les langes.

Si les adultes s'arrêtaient pour réfléchir un peu, en passant, au phénomène de la mémoire chez l'enfant, combien elle est fidèle, combien précocement elle emmagasine ses souvenirs, tout leur comportement s'en trouverait peut-être changé, par crainte d'avoir honte devant cet autre adulte que deviendra l'enfant. Accueillir une pensée qui aurait pu le conduire à se refuser le plaisir de la colère ? Mon père ? Pas question.

Pour moi, c'est comme si cela s'était passé hier. Maman monte pour coucher le bébé. Mon père la suit. Quelques instants plus tard, nous entendons des cris et des bruits terrifiants. Le bébé dégringole l'escalier jusqu'en bas suivi de maman qui, faute d'être emmaillotée comme son fils, y met plus de temps. Beaucoup plus. Interminablement. Nous, les enfants, nous serrions les uns contre les autres sans oser sortir de la cuisine où nous étions. Tout petits, nous apprenions, je ne sais comment mais nous l'apprenions, qu'en ces sortes de circonstances il fallait feindre de ne rien voir, de ne rien entendre, ne pas pleurer, ne pas crier. Mais les tyrans souffrent tous, dans leurs systèmes, de cette même faiblesse : ils ne peuvent empêcher les tyrannisés de penser. J'avais trois ans et demi. C'est bien peu pour choisir la haine et le mépris.

Dans la soirée, le frère de mon père qui, par chance, était un habile oto-rhino-laryngologiste, vint soigner maman. Elle avait — je la vois — le visage noir. Le nez, cassé, était énorme. Mon oncle faisait une drôle de tête. C'est qu'il connaissait son grand frère et la fable que maman, dans sa bonté et sa frayeur, choisit de raconter, ne trouva pas chez lui de crédulité.

C'était la première fois que je voyais cet oncle. Je ne l'ai guère revu et presque seulement lorsque j'eus besoin de soins gratuits : lors de mes deux otites, à cinq ans et à onze ans, et pour un examen des yeux à dix-neuf ans. (Je compte pour rien nos rares rencontres chez sa mère : il s'y tenait aussi silencieux que nous.)

Je le connaissais si peu que, lorsqu'il vint me soigner, au pensionnat, au début de ma seconde otite, je n'osai pas l'appeler «mon oncle». Je voyais bien que cet homme ressemblait à celui qui m'avait déjà soignée, mais je n'en étais pas assez sûre. Au surplus, mon père était là, ne disant rien, mon oncle non plus et la bonne sœur se taisait aussi. Mais mon enfance est pleine d'histoires de ce genre : des gens qui se taisent et des enfants qui n'osent questionner.

Et pourtant, il me plaisait bien, cet oncle. Il ressemblait à mon père par les traits, les couleurs, mais un je ne sais quoi faisait que ces deux frères étaient totalement différents tant il est vrai que le corps cache mal la vérité intérieure. Mon oncle, c'était mon père civilisé, pastellisé, comme poudré de bienséance. Il avait la parole douce et rare, l'allure aristocratique. Il me semblait une sorte de seigneur et je l'aurais bien volontiers échangé, si peu que je le connusse, contre l'auteur de mes jours. Mais il n'était pas question de le fréquenter car il n'était, ni lui ni sa famille, de notre espèce. Nous étions de la bonne espèce. Eux, de la mauvaise. Ils voyaient des gens, ils sortaient, ils recevaient, ils avaient d'autres propos que pieux. Ils fleuraient terriblement la vie heureuse et normale. Très peu pour nous !

Au fond, mon père ne détestait pas son frère. Mais celui-ci menait, comme tout le monde, au reste, comme tout le monde, une vie que mon père n'approuvait pas. Seul, dans tout l'Univers, mon père menait une vie que mon père approuvait.

Je n'oublierai jamais les longs, les patients interrogatoires qu'il me fit subir quand j'allai faire soigner mes otites. Surtout lors de la deuxième. N'avais-je eu connaissance de rien de mal ? Ne m'avait-on rien offert à boire ? ou n'avait-on rien bu devant moi ? Si. Ma tante et moi avions pris de la citronnade.

— Mais... un verre de vin ?

Non, ni un ni deux. Mais, n'étais-je pas assez menteuse pour m'en cacher ? Alors, ne m'avait-on pas tenu de propos subversifs ? Ne m'avait-on rien dit que... qui... dont... ? Bien sûr qu'on ne m'avait rien dit de tel et m'eût-on raconté les choses les plus effarantes du monde que je me serais bien gardée de les répéter. Cachés derrière un air cruche à décourager un saint, bouche cousue, c'est comme ça que nous avons grandi.

Cependant, ce n'était pas de frayeur que nous souffrions le plus. C'était, d'abord, d'ennui. Tout était défendu : courir, crier, s'éloigner si peu que ce fût de la maison. Nous n'avions pas de jouets. Ceux que grand-papa et grand-maman s'étaient, au début, risqués à nous donner, avaient attiré à maman des reproches sans fin. Pourquoi n'avoir pas employé cet argent à nous offrir des vêtements ? Aussi, fallait-il nous voir déballer nos étrennes : des pantoufles, des gants, des culottes, des bas, des souliers. Quand nous avions fini d'ouvrir les cartons, mon père faisait toujours une colère parce qu'il y avait des papiers et des rubans sur le parquet. Il fallait se hâter de tout ranger. C'était d'autant plus facile qu'on ne faisait pas, chez nous, d'arbre de Noël. Les cadeaux étaient disposés sur les fauteuils du salon. À huit heures du matin, tout était redevenu comme les jours ordinaires où les rires étaient défendus.

Le moindre rire, d'ailleurs, pouvait nous mener loin. Mon père ne voyait dans le rire qu'un symptôme de lubricité. Et, de lubricité, nous avons tous été soupçonnés dès le berceau. Pourtant, nous ne riions guère, mais c'était encore trop quand on considère à quoi cela nous exposait. Un dimanche matin — je devais avoir à peu près trois ans et demi puisque mon frère aîné avec qui j'avais deux ans d'écart n'allait pas encore à la messe et que la règle, chez nous, était de s'y rendre à partir de six ans — mon frère et moi étions à la maison avec mon père pendant que maman et mes sœurs assistaient à l'office et que le bébé dormait au premier étage. Nous étions assis, les deux enfants, sur la dernière marche de l'escalier. Mon père travaillait dans son bureau. Je ne sais pas, assurément, ce que nous disions André et moi mais je me rappelle fort bien qu'il prononça le mot «individu». Ce mot nouveau pour moi me sembla si cocasse que je sombrai dans un fou rire irrépressible. J'ai du reste observé que ce mot provoque souvent l'hilarité des enfants. André tenta de me faire taire mais il semble que j'avais, déjà, le fou rire catastrophique.

Au reste, il fut tout de suite trop tard. En moins de temps qu'il n'en faut pour le dire, nous avions été empoignés et conduits l'un dans le cabinet de travail, l'autre dans la salle à manger. Si petit qu'on soit, on sort d'une telle aventure avec une idée fort juste, et toute prête à servir au moment où on étudiera l'histoire, de ce qu'était la question, et je n'entends pas simple interrogatoire. Pour celui-ci, mon père employa d'abord les ruses d'usage: ton frère m'a tout avoué; et à celui-ci, ta sœur m'a tout avoué. Pour ma part, je n'imaginais pas le moins du monde le genre d'aveu que l'on attendait. Je cherchais.

Je ne compris que lorsque les interrogations, ponctuées de taloches, se firent vraiment très précises. Je devinai que le moment était venu d'ouvrir la bouche et je racontai qu'André avait dit «individu». Je n'eus pas de succès avec mon histoire. Je méritai une double punition (dit mon père car nous, les punis, ne vîmes jamais la différence qu'il mettait entre la simple et la double). D'abord pour avoir fait ce que l'on sait, car il n'était pas question que je pusse ne pas l'avoir fait, ensuite pour avoir menti. Quelle punition? Mais toujours la même. Cela commençait par quelques gifles mais tout de suite des grosses, puis, l'entrain venant, cela se continuait par des coups de poing et, si l'entrain tenait, cela finissait par des coups de pied qui nous transbordaient d'une pièce à l'autre sur tous les parquets du rez-de-chaussée. Quand on songe qu'il mesurait six pieds, qu'il pesait deux cent trente livres, qu'il avait accompli dans sa jeunesse des exploits à la Jean Valjean dont toute l'île d'Anticosti — où il avait commencé sa carrière d'ingénieur — parlait encore, c'est quand même étonnant qu'il n'ait tué aucun de nous. Cela me donne à penser qu'il devait se refréner quelque peu, qu'il ne prenait pas tout son plaisir et, vu de si loin, je trouve cela un peu mélancolique.

Petite, j'ai souvent souhaité, je l'avoue, qu'il arrive quelque accident de ce genre. Je regardais mes frères et sœurs et je me demandais qui d'entre eux j'aurais le moins difficilement sacrifié si j'avais pu choisir. Je les aimais tous tendrement. Il aurait fallu que ce soit moi. Mais, me résigner à ne pas assister à la punition? Jamais. Je me voyais témoignant devant un juge et, ne craignant plus rien, accablant l'accusé de toutes mes forces. J'en rêvais.

Ce genre d'histoires se produisait à tout bout de champ. Je ne sais pourquoi car il me semble bien que nous n'étions pas, sexuellement, plus éveillés qu'il ne faut. Mais les soupçons, eux, ne dormaient jamais sans égard à l'âge ni au rapport des sexes. Quand Margot naquit, j'avais cinq ans. On la mit dans ma chambre aussitôt qu'elle fut sevrée (à l'époque, il n'y avait pas encore de chambres au dernier étage et cela ne sera aménagé que plus tard). Margot s'éveillait à l'aube tous les matins, trempée jusqu'aux os, comme il se doit, et faisant trembler la maison de ses cris. Maman se levait, venait la changer et, bien entendu, ne dormait plus jusqu'à l'heure du lever. Cela me peinait. Aussi, un matin, je voulus faire une bonne action. Dès le premier cri, je sautai de mon lit, enlevai la couche mouillée de ma sœur et, ne sachant comment en attacher une sèche, je me contentai de lui talquer les fesses copieusement. Hélas! les bonnes actions ne payaient pas, chez nous. Je le savais pourtant. J'avais dû l'oublier. Je me recouchais à peine quand mon père entra en coup de vent. Il s'en fut droit au berceau de Margot et souleva les couvertures.

— Ah! je m'en doutais, cria-t-il.

Inutile d'aller plus loin, le reste de l'histoire se termine comme la précédente. Mais j'étais assez grande, maintenant, pour vouloir m'en expliquer avec maman et, quand mon père fut parti pour son travail, je racontai ce que j'avais voulu faire. Elle me prit sur ses genoux et me fit cette recommandation étonnante:

— Quand ton père est ici, ne fais rien, jamais rien.

— Tu veux dire rester là dans mon coin?

— Oui.

— Tu sais, maman, je ne l'aime pas. Je voudrais bien qu'il meure.

Elle me ferma la bouche de sa petite main abîmée et m'expliqua qu'il ne fallait jamais souhaiter la mort de qui que ce soit et encore moins celle de son père, que c'était une mauvaise pensée et que, au surplus, c'était inutile.

Je ne sais pas si je comprenais ce qu'est la mort mais le mot m'était bien familier comme il l'est à tous les enfants qui vivent leurs premières années au cours d'une guerre. La guerre... À cette époque, il n'y avait, assurément, que les journaux pour nous en donner des nouvelles mais il me semble que, ces nouvelles, on les commentait bien longuement. Pour moi, tout ce que j'en savais de façon certaine c'était que cela fait beaucoup de bruit la guerre. Dans un almanach, j'avais trouvé un dessin humoristique où l'on voyait une mère qui tentait de calmer son bébé braillard en lui disant: «Chut! écoute le bombardement!»

Je savais aussi que cela allait bientôt se terminer et je m'étais imaginée que, ce jour-là, il y aurait, même chez nous, de grandes réjouissances. Un soir — je me vois encore très bien debout près de la porte d'entrée — mon père arriva en disant:

— La guerre est terminée.

Ce fut tout. Nous dînâmes lugubrement, comme d'habitude. (Le sort me dédommagera en 1945 lorsqu'il me donnera la joie de prononcer ces mêmes paroles au micro de Radio-Canada. Au reste, il m'aura bien dédommagée de tout!)

Naturellement, c'était ce qu'il y avait de plus pénible chez nous, les repas. Je n'ai jamais eu connaissance qu'un seul se terminât avant qu'il ne se produisît quelque drame. Nous avions beau ne pas bouger, ne pas parler, ne pas lever les yeux, rien n'y faisait. Le drame naissait comme de lui-même. C'était peut-être notre peur qui l'engendrait. Peut-être mon père sentait-il mieux sa puissance à nous voir tous, tremblants, autour de lui et ne résistait-il pas au plaisir de vérifier si «cela» fonctionnait toujours aussi bien. Tout à coup, les cris s'élevaient, les couteaux volaient, le bébé du moment, pas encore rompu aux usages de la maison — mais ça lui viendrait vite — se mettait à pleurer.

Ma place à table était à côté de maman. Si c'était moi l'attrapée, elle me caressait les genoux sous la nappe tant que durait l'accès. Il pouvait bien m'arriver n'importe quoi, je me sentais fondre d'amour.

Les toquades de mon père ne contribuaient pas peu à rendre les repas odieux. Qu'est-ce qu'il nous faisait ingurgiter! Toute sa vie, il a été entiché de théories alimentaires naturistes. Il était abonné à toutes les revues et à tous les journaux qui promettent, moyennant fidélité à des régimes impossibles, longue vie — ça c'était pour lui — et sans recours aux médecins — ça c'était pour nous. D'après ce que je comprends, les adeptes de ces systèmes ont un désir irrépressible de manger ce que les autres jettent. Puisque les gens meurent d'habitude avant cent ans, il faut qu'il y ait dans ce qu'ils jettent le petit quelque chose qui fait les centenaires. Cela semble irréfutable. Aussi notre régime suivait-il les dernières élucubrations des charlatans les plus dans le vent de sorte que nous nous trouvions, par exemple, un beau matin, attablés devant des oranges tranchées sans avoir été pelées, saupoudrées de cassonade non raffinée, presque noire, d'un goût affreux et que mon père, à grands frais, faisait venir en barils directement des Barbades. Quand nous avions des pommes, il fallait avaler et la pelure et les pépins et ce que l'on appelait dans mon manuel de sciences naturelles «les parois cornées des loges carpellaires» — vous pensez si j'ai tout de suite reconnu de quoi il s'agissait : j'avais passé un grand nombre de journées de ma courte vie une paroi cornée coincée en travers de la gorge — pour ne laisser sur l'assiette que le pédoncule.

— C'est dans la pelure et dans le cœur que se trouvent les meilleurs éléments de la pomme.

En vertu de ce principe et au nom de la longévité, nous risquions tous les jours de mourir étouffés. Toutes les pelures nous étaient bonnes. Si nous n'avons jamais consommé les œufs avec leurs coquilles c'est parce que jamais un seul naturiste ne l'avait recommandé. Nous ingurgitions, aussi, d'innommables bouillies faites de céréales en grains. La bouillie de blé rond, d'allure spermatique, sucrée elle aussi de cassonade noire, était bien de nature à dégoûter n'importe quel humain de l'envie de se nourrir et même du désir de vivre si c'était à ce prix. En grandissant, nous avions droit au café sucré de miel brun et autres fantaisies de même farine — non blutée comme de juste. N'importe! Nous étions tous en marche vers nos centenaires respectifs et le médecin, que nous fussions malades ou non, ne mettait les pieds chez nous que pour les accouchements de maman.

Pour moi, c'était les vacances. Aussitôt que maman devenait fatiguée de sa grossesse, ce qui arrivait vite car elle était délicate et elle travaillait toujours bien au-dessus de ses forces, elle mettait dans un carton toutes mes petites affaires — mes étrennes du dernier Jour de l'An — et elle m'expédiait chez mes grands-parents.

Je me souviens bien de la maison — rue Saint-Jean, le 151 depuis qu'on a changé les numéros des portes. Même s'ils la quittèrent l'année où j'eus dix ans, j'en pourrais dessiner le plan fort exactement avec les fenêtres, les portes, les placards.

Derrière la maison, il y avait une sombre cour où grand-maman s'obstinait à semer des fleurs. Quelques zinnias venaient petitement sous l'ombre de gros arbres. Cette cour servait surtout de refuge aux chats du voisinage, à leurs inexpiables rivalités et à leurs stridentes amours. Une nuit, un vieux mâle poursuivi par son jeune vainqueur tenta de se soustraire à la fin de la querelle en s'engouffrant dans la maison par une fenêtre ouverte et l'affaire se fut probablement terminée sur le carrelage, dans notre cuisine, sous l'œil évaluateur de la chatte qui attendait, l'air de se trouver là tout à fait par hasard, si grand-papa ne les eût chassés tous les trois à grands coups de serviette-éponge. Ils laissèrent, en partant, d'énormes flocons de poil et quelques traînées de sang.

Au fond de la cour, il y avait de mystérieuses dépendances dont mes grands-parents ne se servaient pas et où il m'était défendu de mettre le pied. Il paraît qu'on y pouvait encore voir d'anciens boxes avec, au-dessus de chacun, le nom du cheval en lettres d'argent. Deux garçonnets des alentours, deux petits rouquins, m'en avaient parlé.

— Oh! grand-maman, comme j'aimerais voir ça! Il paraît que ce sont d'anciennes écuries de millionnaires.

— Et si ce n'était pas aussi intéressant que tu le crois, pourquoi y aller voir? En tout cas, c'est sûrement fort sale et dangereux.

Je n'étais pas persuadée. Je le fus lorsque l'un des rouquins dégringola en criant comme un brûlé d'un échafaudage de vieilles caisses. Je n'ai jamais vu les noms, en lettres d'argent, de ces chevaux de millionnaires.

Dans la maison, j'avais — quelle merveille — une chambre pour moi toute seule, une chambre qui m'attendait d'un bout de l'année à l'autre, une chambre où jamais personne n'entrait la menace à la bouche et au poing.

Le matin, quand je me levais, il y avait sur ma table de nuit un cadeau que grand-papa avait déposé sans bruit pendant mon sommeil: des sucettes, une tablette de chocolat, des fruits confits. Grand-maman m'avait demandé, une fois pour toutes, de n'y pas toucher avant le petit déjeuner «pour lui faire plaisir». Quoiqu'il m'en coûtât, je lui obéissais parce que ce motif d'obéir me laissait toujours émerveillée. Diana, la bonne, que je préférerais appeler «la bonne Diana que j'aimais de tout mon cœur», me donnait à manger. Rien que de la nourriture, pas de pelures, pas de cassonade à odeur de jute. Puis, je me baignais dans une salle de bains qui n'était jamais glaciale, dans de l'eau qui était toujours chaude et parfumée. Personne, ici, ne posait au Spartiate. Diana m'habillait, me brossait les cheveux avec des gestes tendres, et j'allais retrouver grand-maman dans la petite salle de couture où elle s'affairait, tous les matins, à confectionner des vêtements pour l'un ou l'autre de ses petits-enfants, pour moi quand j'étais là. Comme elle était soigneuse, ne se contentant que de la perfection, ne souffrant autour d'elle ni mauvais tissu, ni grosses épingles, ni aiguilles ni fil trop forts, ni rien de laid, ni rien de rêche, ni coton là où il fallait de la soie, ni toutes ces choses dont on dit, en général, «qu'elles sont bien assez bonnes»!

Elle commençait par épingler sur moi un bruissant papier de soie dont le chatouillis me plongeait dans une sorte d'engourdissement heureux. Cela durait, durait, j'ai sommeil rien que d'y penser. Lève le bras. Tourne-toi. J'obéissais sans savoir comment, par habitude. Puis, je la regardais couper le tissu, les lèvres serrées sur ses épingles et je m'éveillais peu à peu. Elle bâtissait à faufils et l'impatience me prenait... jusqu'à ce que le prochain essayage qui ne pouvait tarder, me plongeât à nouveau dans l'engourdissement. La machine à coudre faisait entendre un grêle bruit de mouture. J'aurais bientôt ma robe!

Quand je fus assez grande pour connaître les couleurs, grand-maman me permit d'ouvrir la boîte au trésor. Je veux dire la boîte aux boutons. Comme toutes les femmes de son espèce, elle savait qu'un beau vêtement mérite de beaux boutons. Plusieurs de ceux qu'elle possédait avaient été achetés à Paris — ah! les petites boutiques de boutons, à Paris! comme elles me font penser à toi, chère! — et ils étaient irremplaçables. Aussi faisaient-ils boîte à part et n'avais-je le droit que de les regarder sans y toucher. Nacre, corne, cristal, ivoire, j'apprenais que seules les matières authentiques sont valables et qu'un bouton de vraie nacre vaut mieux qu'un bouton façon-or. Plus facilement, j'apprenais à compter et nommer les couleurs.

— Trouve-moi huit petits boutons de la grandeur d'une pièce de cinq sous...

Car les pièces de cinq sous étaient toutes petites à cette époque. Si je me le rappelle, c'est que grand-papa en remplissait ma tirelire. Autrement, je n'en aurais rien su car mon père ne nous donnait pas d'argent (je n'oublierai jamais la honte qui me rougit la face, le jour où Marguerite, déjà âgée de huit ans, exhiba fièrement devant mes compagnes ricanantes, une pauvre petite pièce de dix sous, sa première de toute évidence).

Ma tirelire, je la laissais chez mes grands-parents quand je retournais chez mon père. Elle m'attendait sur la table de toilette de ma chambre, comme m'attendaient dans le placard, mes poupées, mon jeu de cubes, mes livres d'images. Il m'est arrivé, une seule fois, d'apporter une poupée chez mon père. Il la donna à Margot (ce devait être quelques années après le moment où j'en suis puisqu'elle avait deux ou trois ans) sans même m'en parler, et je ne recommençai plus. Comme je m'en plaignais à maman :

— Il faut apprendre à être généreuse, me dit-elle.

— J'ai pas appris, c'est lui qui l'a donnée, lui répondis-je.

Quelques jours plus tard, je l'entendis rapporter cette réponse à grand-maman venue nous faire visite.

— Cette enfant m'inquiète, conclut-elle. Elle n'aime pas son père.

Grand-maman répondit en anglais. Ah ! les réflexions en anglais ! On s'en sert encore. Les enfants ne s'y trompent pas. Ils savent bien qu'il est question soit de leur beauté ou de leur intelligence, soit de leur donner raison alors qu'il n'est pas décent de le faire ouvertement, soit de fomenter contre eux de noirs desseins comme de les envoyer au lit, par exemple, et que tout ce qui n'entre pas dans l'une ou l'autre de ces catégories concerne le sexe.

Quand maman et grand-maman causaient ensemble, je me couchais sur le divan et je feignais de dormir. C'était une façon que j'avais trouvée de surprendre les propos qu'elles tenaient sur mon père. Avec les années, les sujets de plainte s'accroissaient sans cesse et à qui maman se serait-elle plainte si ce n'est à sa mère?

J'ai souvenir d'une autre de ces confidences et qui me ramène, celle-là, à l'époque où j'en étais arrivée. Sur ce jeu de cubes dont j'ai parlé, toutes les lettres de l'alphabet étaient gravées. Quand je les sus par cœur, grand-maman m'enseigna comment former des mots simples. «Maman» d'abord, bien sûr. Puis, elle voulut passer à «papa».

— Non. Je ne veux pas écrire papa. Je veux écrire grand-papa.

Maman n'aima pas cela du tout. Quand elle se mit à s'interroger sur l'opportunité de supprimer les séjours prolongés que je faisais chez mes grands-parents, je commençai de m'agiter sur mon divan. Puis, j'éclatai en sanglots en criant que j'aimais mieux mourir. Je dus les convaincre car, jusqu'à la mort de maman, j'y retournerai plusieurs fois.

Pourtant, ces vacances ne me facilitaient guère la vie à la maison paternelle. Quand j'y revenais, j'étais guettée. Chacun de mes battements de cils m'attirait taloches et réprimandes. J'avais, semblait-il, toujours pris des façons insupportables.

Je devais surtout être d'un morne à faire peur car, au sortir de mon paradis, l'atmosphère familiale ne m'apparaissait pas autrement que le septième enfer. Les premiers soirs, lorsque je me retrouvais au fond de mon lit glacé, je ne pouvais m'empêcher de sangloter ce qui me valait d'être placée en situation «de ne pas pleurnicher pour rien».

— Je vais te faire pleurer pour quelque chose.

Une manière d'homéopathie. J'ai déjà dit que nous avions tous, très tôt, développé une prudente impassibilité mais il nous arrivait bien, quand même, de pleurer de temps en temps. Nous n'avons jamais été consolés autrement. Je ne parle pas, bien entendu, des larmes qui se devaient d'accompagner les corrections. La promptitude à les verser était de rigueur, autrement nous aurions pris des risques supérieurs à nos forces. Non, je parle de ce que j'appellerais nos larmes intimes et personnelles. Pas question. Rengainez.

Parfois, quand l'état de santé de maman était vraiment mauvais, mes vacances se prolongeaient pendant plusieurs mois, jusqu'à sept ou huit, et cela finissait par inquiéter mon père. Comme il ne se gênait pas pour parler, devant nous, contre nos grands-parents maternels il croyait tout naturellement qu'ils en usaient ainsi de leur côté, en quoi il se trompait fort. De concert avec sa famille, il décidait de me soustraire à cette pernicieuse influence. Par un coup de téléphone impérieux, j'étais invitée à passer quelques jours chez mon grand-père paternel. Je partais l'oreille basse.

J'avais horreur de cette maison. Je n'y trouvais que froideur, incapacité d'aimer et de se faire aimer, que persiflage dès qu'il s'agissait des mouvements du cœur. De plus, mon père venait faire sa petite visite tous les midis. Dès mon arrivée, c'était immanquable, je subissais une foule de questions perfides parmi lesquelles mon jeune âge ne me permettait pas toujours de bien naviguer. Souvent, elles semblaient bénignes ces questions.

— Que manges-tu, le soir, chez ta grand-mère de la Chevrotière? demandait ma tante.

Je pouvais bien répondre n'importe quoi, une houle soulevait incontinent toute la cuisine.

— Le soir?

J'avais beau pointer mes antennes, je ne savais jamais si l'on critiquait le trop ou le trop peu, le léger ou l'indigeste et comme, à la vérité, je n'avais jamais remarqué ce qu'on me servait au dîner plutôt qu'au déjeuner, je pataugeais, l'air inintelligent. An lieu d'essayer de nommer un plat qu'il m'arrivait de manger réellement, le soir, je tentais de deviner celui pour quoi grand-maman ne serait pas blâmée. Peine perdue.

— Le soir? Vous entendez cela, maman?

Ma grand-mère paternelle soulevait ses épaules massives. Elle n'avait pas d'opinion précise sur l'alimentation vespérale des mioches et, de plus, il y avait longtemps qu'elle avait passé la main pour tout ce qui concernait le courant de pensée de la maison. (C'était une bonne personne à qui je ne reproche que de n'avoir pas su élever son fils aîné. La colère, cela se corrige je le sais car j'avais, en naissant, touché une bonne part de l'héritage paternel. Non seulement elle ne l'avait pas redressé mais elle exigeait que nous le trouvions doux. Sur son lit de mort, elle m'a presque maudite parce qu'elle m'avait entendu dire «Il est enragé aujourd'hui». Il n'avait que battu l'une de mes sœurs au point de lui fendre les lèvres et de lui bleuir tout le visage, mais c'était moi qu'on maudissait. La logique n'encombrait guère les adultes, dans mon enfance. Si nous la réclamions, on nous appelait «raisonneurs». Pour eux, ce beau mot «raison» ne pouvait être qu'injurieux.)

L'affaire du dîner réglée, les questions glissaient vers d'autres sujets. Quand cela devenait trop difficile, je recourais à la stupidité: je ne savais rien, je n'avais rien vu, rien compris et rien entendu.

Ce qui me blessait le plus, c'était les remarques désobligeantes que l'on faisait sur mes vêtements. Comme ils me venaient tous de grand-maman, ils étaient laids, ils ne me convenaient pas, ils n'étaient pas pratiques, leur couleur n'était pas jolie.

— Ton ruban de cheveux est bien passé. Comment se fait-il que ta grand-mère t'ait mis cela sur la tête?

Or le ruban était neuf, et cela se voyait, mais le rose, horreur! en était discret.

— Je vais te le teindre.

Pendant les préparatifs à cette opération, je m'emparai hypocritement de la teinture et la vidai d'un coup dans l'évier. Puis, passé l'orage que mon geste suscita, j'allai sans bruit ramasser toutes mes petites affaires et filai par la porte arrière. Grand-maman habitait tout près et je savais comment m'y rendre. Seulement, une fois sortie du jardin, il me fallait rejoindre la rue et passer devant la fenêtre du petit boudoir. Ma tante et sa mère, quand elles n'étaient pas occupées à teindre mes rubans, s'y tenaient en permanence. Pas un passant ne leur échappait. Je ne leur échappai pas non plus. À leurs signes impérieux, je répondis en tirant une langue outrageuse. Grand-maman, prévenue par un coup de fil, m'attendait en haut de l'escalier, la mine sévère. Je fus fort grondée et privée de dessert. J'aurais bien accepté de ne plus jamais de ma vie manger de dessert pour ne plus bouger de chez elle.

Je n'avais pas gardé de cette aventure un gros complexe de culpabilité. Il paraît que j'aurais dû en nourrir un bien profond: lorsque mon père se remaria, quatorze années plus tard, ce fut la première chose que ma tante raconta de moi à la marâtre. Pour bien lui montrer de quoi toute petite, j'étais déjà capable et pour l'avertir de ce qu'on pouvait attendre de moi.

Il était écrit que mes séjours chez mes grands-parents paternels ne pouvaient durer longtemps. Le deuxième ne fut que de quatre jours. Dès le lendemain de mon arrivée, je me sentis malade. Le jour suivant, qui était un dimanche, cela n'allait vraiment plus du tout. Mais il me fallut quand même aller à l'église. Je n'ai jamais bien compris pourquoi, dans mon jeune âge, les enfants malades le dimanche étaient tout de suite soupçonnés de vouloir sécher la messe. Il fallait que les adultes se doutent que nous la trouvions fort ennuyeuse, nous aussi.

Nous n'étions pas là depuis dix minutes que je m'évanouissais. C'était mon premier évanouissement. Il me vint lentement et j'eus le temps de croire que j'étais en train de mourir. Je n'osais pas m'asseoir, car c'était, comme je l'expliquai plus tard à grand-maman — ce pourquoi je fus taquinée bien souvent par grand-papa — «un bout à genoux» de la cérémonie. Ah! ces fameux bouts à genoux, ils auront raison de moi plus d'une fois. Il fallut me sortir et me ramener à la maison grand-paternelle où je me traînai lamentablement tout le reste de la journée.

— Cela ne sera rien, répétait-on sans cesse.

Sur la foi de quoi il ne fut pas question de me mettre au lit. Je n'y allai qu'à l'heure réglementaire.

Le lendemain, j'avais une bonne otite. L'oreille me coulait comme une source et l'oreiller sur quoi j'avais dormi était gâché. Mon oncle fut appelé à mon chevet où on lui parla surtout de cet oreiller «irrécupérable, vraiment». Si bien qu'il finit par s'impatienter et déclarer qu'il allait s'occuper de mon oreille d'abord. Puis, je fus enveloppée dans une couverture et ramenée chez mon père. Une fois guérie, j'allai faire ma convalescence chez grand-maman.

Cela se passait à l'automne 1919. J'avais eu cinq ans en avril. C'est à cette époque que grand-papa fut atteint de diabète. Je l'appris un jour que je passais la bonbonnière à la ronde. Comme il refusait et que j'insistais, il m'expliqua pourquoi il ne pouvait plus manger de sucreries. Ne plus jamais manger ni chocolats? ni fruits confits? ni gâteaux? Cela me parut un sort si horrible que je me mis à pleurer. Et puis, il y avait autre chose. Quelque chose que je n'aurais pu expliquer avec des mots mais qui me bouleversait. Jamais plus de bonbons? Cette maladie ne guérissait donc pas? Je savais depuis longtemps ce qu'est l'angoisse, mais jamais je ne l'avais ressentie pour un tel motif. En découvrant que ce que j'aimais était menacé, je découvris du même coup que j'aimais. Tout petits, nous aimons sans y faire attention et l'amour, pour nous, c'est surtout celui que les autres nous portent. Ce jour-là, je ressentis un sentiment autonome, un sentiment qui me poussait à dire «je t'aime» et à ouvrir les bras. Tout cela finit, bien entendu, dans les larmes générales.

Quand je m'interroge, je m'aperçois que ce climat d'amour comptait bien plus, pour moi, que toutes les gâteries dont il ne faut pas, cependant, minimiser l'importance. Un bout de chocolat, à cet âge, c'est important. Mais il faut pouvoir le manger autrement que la gorge serrée. Oui, c'est ce climat que j'adorais dans cette maison où il n'y avait pas de honte à laisser parler son cœur, à pleurer abondamment si ce qu'on disait était triste et à roucouler si c'était gai. Chez mes grands-parents paternels, la plus lointaine allusion à des sentiments tant soit peu affectueux, même les plus purs, amenait des grimaces embarrassées. Qu'on juge de l'attitude adoptée envers ceux où le corps intervenait. De jeunes époux se tenant par la main suscitaient des: « Ils ont l'air tellement bêtes! » L'amour physique, la vraie bouffonnerie, et sale en plus. Seule la procréation venait sauver et excuser cette abomination. Aussi, les couples sans enfants étaient-ils mal vus. Ceux-là ne faisaient pas leur devoir car « faire son devoir » ne pouvait en aucun cas signifier bien exécuter son travail ou être bon et juste et courageux. Non, cela n'avait pas d'autre sens que d'avoir des enfants. Il fallait donc procéder de la seule façon connue, si damnable soit-elle et si humiliante pour les pauvres femmes! L'union des corps, l'union de ces guenilles, comme disaient les prédicateurs de retraite, quelle atroce nécessité!

Cela m'est resté un grand mystère que toutes ces pieuses gens disent: « Dieu a créé l'homme à son image et à sa ressemblance. » Tout pousse à croire qu'elles le considèrent comme bien fait cet homme. Un corps fait par Dieu, ça n'est pas rien! Pensez-vous! Commencez donc par enlever les fesses, tenez, et les seins si c'est une dame. Le sexe, on n'en parle pas, à la lettre. Pendant qu'on y est il ne serait pas mauvais d'enlever la peau dont le seul nom révulse. On commence seulement à avoir une œuvre dont Dieu n'ait pas à rougir. Mais tout cela a été fait sans que l'on consulte les bien-pensants. C'est pourquoi ils sont obligés d'améliorer l'œuvre de leur créateur à grand renfort de gaines aplatissantes et de vêtements flous. Misère.

J'eusse mieux fait de m'habituer tout de suite à cette mentalité: pas de corps, pas de cœur, et aucun des mots qui les nomment, car c'est cette mentalité-là que j'ai rencontrée partout jusqu'à la fin de mon adolescence. La seule exception fut celle que j'ai dite. Exception d'importance. Tellement qu'à ce moment l'exception était ma règle. Elle allait très tôt me manquer gravement.

Je savais mes lettres depuis un bon moment et le ba, be, bi, bo, bu. J'avais commencé par apprendre à les dire puis à les lire. Maintenant, je savais les écrire tant bien que mal. Mon otite guérie, j'appris vraiment à lire. Grand-maman tenait beaucoup à me l'apprendre elle-même. Souvent, nous en parlions toutes les deux. Surtout depuis l'acquisition de ce jeu de cubes où toutes les lettres étaient gravées même celles dont on ne fait jamais rien, comme le *w*, par exemple. Je n'ai jamais rencontré de professeur de cette qualité. Les leçons étaient si agréables que je poursuivais grand-maman, à la journée longue, mon abécédaire à la main. Je comprenais tout ce qu'elle m'expliquait et il m'est arrivé si souvent, par la suite, de ne rien comprendre à ce qu'on voulait m'enseigner que je peux rendre, en toute humilité, cet hommage, non pas à mon intelligence mais à la sienne.

J'ignore tout des méthodes actuelles pour enseigner aux petits à lire et à écrire. Je suis peut-être bien vieux jeu, mais je ne pourrai jamais croire à leur efficacité. J'en vois trop les résultats.

— Si tu apportes tous tes soins à comprendre ce que tu étudies, tu ne l'oublieras jamais, me répétait grand-maman qui était fort éloignée de considérer le cerveau comme un appareil photographique.

C'était une trop belle promesse. Ce n'est pas elle, c'est moi qui ne l'ai pas tenue.

Quand je sus lire assez pour déchiffrer le journal (car, les premiers jours, c'était le journal, bien plus que les livres, qui excitait ma concupiscence) je m'aperçus que certains mots changeaient sans cesse d'orthographe: parlais, parlait, parlaient. En termes très clairs, elle me dit ce qu'était un verbe, les raisons pour lesquelles il variait ainsi, et que j'apprendrais tout cela le temps venu. Quelle chose inouïe et que de mystères! Quand, à sept ans, j'abandonnai le pronom et que, tournant la page, je lus: «Le verbe est un mot qui exprime l'action ou l'état du sujet», j'eus l'impression d'être parvenue à la fin de mes études. Que pourrait-on m'enseigner de plus difficile que ce mot qui changeait tout le temps selon qu'il s'agissait de moi ou des autres? Quelque dix ans plus tard, j'ai retrouvé, en rangeant l'armoire aux livres de classe ma petite grammaire toute crayonnée. À la page dont je parle, il y avait une douzaine de verbes écrits dans les marges: courir, manger, coudre, etc. Dessous, une sentencieuse conclusion: «C'est des verbes.»

Puis, grand-maman voulut passer aux chiffres. L'addition. Rien à faire. Je n'avais envie que de savoir lire. Le reste me semblait du temps perdu. Plus tard, elle m'a raconté en riant — ce pourquoi je soupçonne qu'elle n'aimait pas beaucoup les chiffres — que je l'interrompais sans cesse pour demander: «Comment s'écrit sept? plus? égal?» Je ne mordrai aux chiffres et toujours du bout des dents que lorsque je m'apercevrai, au pensionnat, qu'une bonne note pour l'arithmétique c'était aussi nécessaire, à la fin du mois, qu'une bonne note pour le français.

Le premier livre que je lus fut *Don Quichotte*. C'est un peu fou, mais c'est ainsi. Grand-papa gardait un embryon de bibliothèque dans l'arrière-boutique de la pharmacie. Aussitôt que je sus ânonner, je m'emparai du bouquin le moins haut placé et je me mis à lire dans mon coin. Je ne comprenais strictement rien, d'abord pour la raison évidente que *Don Quichotte*, à mon âge... ensuite parce que je lisais trop lentement pour me souvenir, arrivée au bas de la page, de ce qu'il y avait en haut. Mais cela n'avait pas d'importance. Avec cette chaleur aux joues que la lecture m'a donnée jusqu'à l'âge adulte, je lisais. Grand-maman et grand-papa lisaient tous les jours. Il eût fait beau voir que je n'en fisse pas autant.

Et puis, déjà, j'étais poussée par le désir incoercible de faire tout ce que mon père blâmait. Je l'entendais tout le temps injurier maman à propos de livres et de temps perdu à lire. (Dieu sait pourtant que les livres, chez lui, n'étaient pas nombreux: une centaine de petites choses insignifiantes que maman reprenait sans cesse plutôt que d'être complètement sevrée.) C'eût été suffisant pour éveiller mon désir si je ne l'avais déjà porté en moi. En tout cas, cela m'aiguillonnait singulièrement.

Don Quichotte, j'en tournais probablement plusieurs pages à la fois car, un après-midi, j'arrivai au bout de ma peine et de mon plaisir. Pendant que je replaçais le livre sur son rayon, grand-papa riait beaucoup.

— C'était beau, mon Ti-Claire?

— ... Ouuuui...

Grand-maman m'acheta *La Semaine de Suzette* et tout alla mieux par la suite.

Cette arrière-boutique de ma petite enfance où je jouissais d'un bonheur immense mais jamais parfait parce que toujours menacé d'un possible retour à la maison paternelle, cette arrière-boutique, je ferme les yeux et je la vois. D'abord, avec ses balances, ses flacons, ses mortiers, l'officine où grand-papa exécute de mystérieuses ordonnances; au-delà, une grande pièce un peu sombre, un peu austère.

J'entre.

À gauche, il y a un escalier condamné qui date du temps où le pharmacien (pas grand-papa, un autre avant lui) habitait à l'étage. Au fond, une table de travail. À droite, un divan où je fais la sieste l'après-midi. Au-dessus du divan, grand-papa a posé un petit crochet au plafond. Quand je m'éveille, il y a toujours un bonbon qui se balance au bout d'une cordelette fixée au crochet. Encore mi-sommeillante, j'étends le bras et grand-papa rit, chaque fois, à en perdre le souffle comme s'il venait d'inventer ce bon tour qu'il me joue pour la centième fois.

À cause de cette otite, et parce que maman attendait la naissance de Marguerite, je passai les fêtes de fin d'année chez mes grands-parents. Je n'oublierai jamais ce seul Noël vécu dans le bonheur, les rires et la paix. Grand-maman avait dressé un sapin dans un coin de la salle à manger. Le salon était tout décoré de cloches rouges et vertes et de feuilles de gui sous lesquelles nous nous embrassions sans cesse tous les trois. Au petit déjeuner, nous eûmes des pamplemousses, fruits rares à l'époque. Au déjeuner, de grandes assiettes d'huîtres qui me donnèrent un mal fou et qui me valurent d'être enveloppée dans un vaste tablier appartenant à Diana. L'après-midi, un cocher vint nous prendre dans un traîneau tintinnabulant pour faire une promenade par les rues enneigées. Le soir, au dîner, il y eut des invités. À condition de ne parler que si l'on m'interrogeait, je fus admise à table.

J'étais à peine revenue de tous ces bonheurs que le Jour de l'An arriva et cela recommença. Je me souviens de tout et je fis bien d'être aussi attentive car vingt ans s'écouleront avant que la Noël et le Jour de l'An soient autre chose, pour moi, que des journées affreusement pénibles dont je n'arrivais plus à voir le bout.

Puis, grand-maman, de plus en plus souvent, se mit à passer ses journées auprès de maman. Elle partait tôt le matin et me laissait aux bons soins de Diana qui s'occupait de moi avec douceur. Vint enfin le 13 mars, jour où Marguerite entreprit sa course. Dans huit ans, tout juste, maman aura fini la sienne.

Ce matin-là, grand-maman m'avait amenée à l'église, comme elle le faisait trop souvent à mon gré. Je ne suis pas née pieuse et ces interminables cérémonies m'ennuyaient beaucoup. Grand-maman alla communier avant la messe, fit une courte action de grâces, puis elle se pencha à mon oreille.

— Je dois partir tout de suite. Quand la messe sera terminée, tu devras retourner toute seule à la maison. Demande à une grande personne de t'aider à traverser la rue.

Elle n'avait pas plus tôt disparu que je me précipitai hors de l'église, traversai la rue sans rien demander à personne et fis irruption dans la cuisine de Diana.

— La messe n'est pas finie?

— Je ne sais pas… En tout cas, le prêtre était au pied de l'autel.

— Mais il y est aussi au début!

— Ah oui?

Je me souviens fort bien de ce court dialogue car je revois le sourire sceptique de Diana comme si elle était devant moi et je pense bien que ce fut là que, pour la première fois, je pris conscience de mon indifférence. Grand-maman revint le soir et m'annonça que j'avais une nouvelle petite sœur, ce qui m'apparut comme une histoire à peine croyable. D'où sortait-elle celle-là? Pas une seconde il ne vint à l'esprit qu'il pût s'agir d'un bébé.

— Quel âge a-t-elle?

Ce qui provoqua un fou rire général et, pour des années à venir, les taquineries de grand-papa.

— Dis-moi un peu l'âge d'un bébé d'un jour, me demandait-il quand il voulait me faire monter la moutarde au nez.

Il n'était pas d'usage, à cette époque, d'expliquer aux enfants les mystères de la vie. Au reste, nous posions peu de questions. Nous sentions très bien que les adultes n'avaient pas l'intention de nous éclairer, qu'il y avait là une sorte de frontière qui ne se franchissait ni dans notre sens ni dans le leur. Je restai donc à me demander comment un enfant d'un jour avait pu se rendre chez mon père.

Ces péripéties n'empêchèrent pas grand-maman de s'informer de mon retour à la maison après la messe du matin. Je fus grondée. Mais elle ne le faisait jamais qu'avec tant de mesure…

Quelques jours plus tard eut lieu le baptême. Il était si difficile de sortir de notre désert familial, surtout en hiver, que les trois derniers-nés furent baptisés à domicile, dans la chambre de maman. Cela se passait rarement sans que mon père en profitât pour se manifester. Je fus, cette fois-là, attrapée dès mon entrée dans la pièce. Depuis tant de mois que je vivais normalement, je m'étais habituée, je le suppose, à une liberté de paroles dont c'est peu de dire qu'elle n'avait aucune place au foyer paternel.

— Moi, je voudrais qu'elle s'appelle Madeleine, dis-je avec ce qui fut qualifié d'incroyable aplomb.

Le plus ennuyeux fut qu'après en avoir fini avec moi, mon père se tourna vers grand-maman et l'accusa de m'avoir suggéré cette intervention. Enfin, le vicaire sonna, mon père descendit pour le recevoir et tout rentra dans le calme. La cérémonie terminée, nous repartîmes, grand-maman et moi, comme nous étions venues.

De toute évidence, mon père ne savait pas et il ne sut jamais, je pense, que si Marguerite fut ainsi prénommée ce fut justement, et secrètement, en l'honneur de grand-maman qui s'appelait Marguerite en plus d'Oliérie qu'on ne pouvait guère infliger à une deuxième victime, même si cet étrange prénom rendait hommage à Olier de Verneuil, le fondateur des Sulpiciens au Canada.

Pendant les semaines qui suivirent, grand-maman travailla à ma toilette de première communion. Entre les essayages, je restais près d'elle et je la regardais faire. Si bien qu'un matin, l'envie me prit de coudre moi aussi.

— Je voudrais faire une robe à ma poupée.

Grand-maman me regarda comme si je venais de lui annoncer la nouvelle du siècle. Après des oh! et des ah! elle me donna un bout de tissu blanc quadrillé de rose qu'elle était prête à me laisser couper moi-même si je l'eusse voulu mais, vraiment, je ne m'en sentais pas l'audace. Je lui expliquai ce que je voulais, un corsage uni, une jupe froncée, et ce fut elle qui se chargea de la coupe. Puis elle enfila une aiguille et me la tendit.

Je m'assis près de la fenêtre et me mis à coudre avec ardeur. Plusieurs fois, je rapportai mon aiguille pour y faire remettre du fil. Au bout d'une petite heure, je poussai un cri de triomphe.

— J'ai fini, grand-maman.

— Comment? Déjà?

Je crus deviner un peu de blâme dans sa voix. Pourtant, la robe était là m'encapuchonnant le poing et ne ressemblait à rien d'autre qu'une robe.

— Mais cela n'a pas l'air mal du tout.

J'étais ravie. Pas pour longtemps. Retournant prestement l'objet à l'envers, grand-maman se trouva face à une jungle de bouts de fils et d'effilochures.

— Mon Dieu! Cette enfant ne saura jamais coudre!

À la façon dont elle disait cela, je sentis bien qu'il eût mieux valu pour moi d'être morte que de vivre sans savoir coudre. Aussi n'ai-je pas vécu sans savoir coudre.

Je repris la robe et me mis à couper tout ce qui en déshonorait l'envers si bien que, lorsque je tentai d'en revêtir ma poupée, tous les morceaux se séparèrent les uns des autres. Mais grand-maman n'était pas femme à me laisser sur cette déconvenue. Aiguille en main, elle m'enseigna comment faire une couture et comment l'arrêter. Puis, surtout, elle m'expliqua qu'apprendre à coudre demandait une très longue patience et elle émit, à mon endroit, de pieux souhaits à propos de cette patience.

Même si j'adorais grand-maman, je n'aimais pas beaucoup qu'elle me fasse ce que nous appelions, entre nous les enfants, un speech. Le dialogue entre enfants et adultes n'était pas très bien porté en ces temps-là. Le plus souvent, les adultes parlaient seuls, les enfants feignaient d'écouter, tremblant si l'adulte était mauvais, s'ennuyant seulement s'il était bon. Pour ma part, en fille de mon père que je restais toujours, j'entretenais un bon petit blocage maison contre le speech et je n'aidais guère grand-maman à le tourner en dialogue. Je pense qu'elle savait très bien ce qui se passait en moi. Aussi ne parlait-elle pas longtemps.

Vers la fin de la matinée, elle rangeait sa couture et passait à la cuisine où Diana avait déjà mis le déjeuner en train. Grand-maman cuisinait comme elle cousait : de façon exquise. Les repas étaient toujours fins et variés à l'infini. Pour tous ces plats, elle connaissait par cœur la série des assaisonnements, des herbes aromatiques qui, en petits pots, remplissaient toute une tablette d'armoire. La tresse de têtes d'ail pendait tout près. Si un plat demandait des tomates, elle les pelait et les épépinait. L'oignon était émincé assez fin pour fondre et se perdre en cours de cuisson. Au bout de peu de temps, les arômes imprégnaient la cuisine.

— Comment sais-tu ce qu'il faut mettre, grand-maman ? lui demandais-je.

— Cela s'apprend, me répondait-elle invariablement.

Tout s'apprenait donc ? J'en avais du travail devant moi ! Rien que d'entendre le ton sur lequel elle me répondait, je comprenais bien que cette femme exigeante aurait fort mal vu que je n'apprisse pas.

Enfin, un jeudi, après avoir été visiter mes sœurs aînées qui se trouvaient déjà au pensionnat, nous arrêtâmes, grand-maman, maman et moi à la Procure afin d'arranger mon entrée pour le début de mai. Je me souviens que j'étais très désireuse de faire admirer mon manteau neuf par la religieuse.

— C'est grand-maman qui l'a fait. Le col est brodé à la main.

— Mais on est déjà mondaine, déclara la bonne sœur.

Elle disait cela comme si j'avais souffert d'une petite maladie point trop grave mais à surveiller toutefois. Elle plissait la bouche. Elle ne me plut pas.

Puis, ce fut le premier jour de mai. La veille, grand-maman avait procédé au grand essayage de ma toilette de première communiante : la longue robe de mousseline et l'aumônière attachée à la taille, les dessous de broderie, le voile de tulle, les gants, les souliers. J'emportai le souvenir de ces blancheurs comme une promesse.

J'emportais aussi tout un petit trousseau de pensionnaire où me plaisaient surtout les choses que je n'avais jamais eues à moi seule auparavant, les savonnettes, le talc. Personne avec qui partager mon tube de dentifrice. Je pourrais le manger tranquillement, j'adorais cela. J'avais toujours été peignée avec le peigne de maman ou celui de grand-maman. J'eus droit à un robuste démêloir que je possède encore, à qui il manque trois dents cassées l'année suivante dans un geste de colère.

— Pour que tu n'oublies jamais la laideur de la colère, tu garderas ton peigne aux dents cassées, me dit maman.

La laideur de la colère… La pauvre femme savait de quoi elle parlait.

J'emportais aussi des choses qui me semblaient fort étranges : un voile de tulle blanc pour la messe et un voile de tulle noir pour les saluts, les vêpres et autres cérémonies du soir.

C'était encore un jeudi, jour de parloir. Je connaissais bien l'endroit pour y être allée souvent visiter mes sœurs. Les pensionnaires s'asseyaient d'un côté de la grille et les parents de l'autre : le côté du monde. À l'arrivée et au départ, les baisers se donnaient entre les barreaux. J'avais tant de hâte d'être embrassée de cette façon que je voulus passer tout de suite de l'autre côté et la mère Saint-Henri vint m'ouvrir la porte pratiquée dans la grille, au fond de la salle. Seulement, quand je vis maman et grand-maman partir, le désespoir m'envahit et je me mis à crier. Heureusement, il y avait des sucettes toutes prêtes à remplir leur office. Ce n'est pas tellement que cela console, mais on ne peut sucer et hurler en même temps.

J'eus, dès la première journée, à souffrir de mon nouvel état. Il semble qu'il ne soit pas venu à l'esprit des bonnes sœurs que je pusse ignorer tout des usages de la maison. C'est une façon que j'ai souvent remarquée dans les couvents de femmes. Ce qui s'y passe semble si important aux yeux des pauvres filles qui s'y sont retranchées de tout contact avec la réalité, qu'elles n'arrivent pas à comprendre qu'on puisse ignorer à quoi elles s'occupent chaque minute de leur vie. On attendait que je fasse ce que je devais faire sans m'expliquer en quoi cela consistait. Les autres petites filles, déjà au courant du règlement depuis le mois de septembre, avaient l'air de penser de même. Les religieuses donnaient parfois des instructions à quoi je ne comprenais rien faute de connaître le vocabulaire conventuel. Je passai tout de suite pour une désobéissante et, en deux jours, je m'attirai plusieurs réprimandes. Le sort des dix prochaines années de ma vie fut tout de suite fixé.

Bien veinarde, encore, de ne subir que des réprimandes. Les sévices, s'ils n'étaient pas aussi fréquents qu'à la maison paternelle, n'étaient pas ignorés cependant. Peu de jours avant mon arrivée, il y avait eu sévices collectifs et on en parlait encore dans les coins. Voici l'histoire : à la fin de chacun des trois cours du matin — catéchisme, français, anglais — chaque élève recevait une note : très bien, bien ou médiocre. Ce matin-là, la première maîtresse de la division annonça que celles qui n'auraient pas leurs trois « très bien » subiraient un châtiment exemplaire. À onze heures, on sépara l'ivraie du bon grain. Les ivraies furent amenées au dortoir où on leur fit enlever leurs robes. Puis, s'armant d'une brosse dure, la sœur leur brossa le visage au savon de ménage. Un savon décapant qui, même employé sans brosse, vous mettait la peau à vif en un rien de temps. Les brunes résistèrent un peu mieux que les autres, mais les pauvres blondinettes — et les rousses donc ! — sortirent de cette épreuve le visage pelé et suintant le sang. Je fus assez secouée par cette histoire, d'autant plus que ma sœur Françoise figurait au nombre des écorchées. Les sévices administrés sous l'effet de la colère, je connaissais bien cela. Mais la torture minutieuse et patiente, je n'en avais pas encore entendu parler. Décidément, les adultes, sauf maman, grand-maman et grand-papa, on n'en avait que faire.

Dès la troisième ou quatrième journée, je dus faire face à mon premier drame. Si notre climat familial fut toujours d'un puritanisme bien serré, nous avions quand même été habitués à désigner certaines fonctions par leur nom. Nous n'avons jamais employé, chez nous, de ces mots ridicules qui évitent l'emploi de pipi, par exemple, et qui signifiant la même chose ne sont pas plus distingués. J'ai connu une famille où l'on disait «faire un mouillé» ce qui est bien le comble du ridicule. Mais comme dans le ridicule il n'y a jamais de véritable comble, on en vint à désigner l'organe du même mot que la fonction, ce qui m'apparaît comme assez répugnant. L'importance d'un mot, c'est ce qu'il signifie, il me semble, et si chaise signifiait bordel il faudrait, à ce compte-là, remplacer chaise par un autre mot lequel tomberait rapidement dans le discrédit et ainsi de suite jusqu'à ce qu'on ne puisse plus s'asseoir.

Bref, un jour que je souhaitais «aller en haut» car c'était de cette façon que cela se disait, même si bien souvent nous étions au même étage ou à l'étage au-dessus de l'endroit — je m'avisai de confier à ma voisine que j'avais grand besoin de faire pipi. La petite porta la main à sa bouche et fit: «Ah dzou!» Dzou, c'était dans cette institution l'expression par excellence de l'horreur. Moi, fraîche arrivée, j'ignorais ce que dzou signifiait. L'étude s'achevait, justement, et comme c'était le moment où, en groupe, nous allions toutes en haut, mon problème se trouva réglé et j'oubliai la confidence faite à ma voisine.

Pendant la récréation, je fus appelée par la religieuse-brosseuse qui se mit en devoir de me faire avouer mon péché. Il se trouva que je l'avais complètement oublié. Il faut vraiment ignorer ce qu'est un enfant pour croire qu'il sait ce qu'il a dit une heure plus tôt. De plus, comme je n'avais aucune idée de la délation organisée régnant dans les couvents, je n'arrivais pas à comprendre de quoi il s'agissait : cette bonne sœur, je ne lui avais pas parlé.

— Vous avez dit une mauvaise parole.

À qui ? Quand ? Pleine de bonne volonté, je cherchais. Je ne trouvais rien.

— Vous ajoutez le mensonge à votre mauvaise parole ?

Oh Oh ! j'avais entendu cela quelque part et je devinai que je venais de mériter, après la simple, la double punition. Plus j'avançais dans la vie, plus c'était pareil. Pourtant, de guerre lasse, la sœur me renvoya. Je croyais que c'était fini. Je ne savais pas encore à qui j'avais affaire. Le soir, à l'heure du coucher, je fus amenée dans une pièce attenante au dortoir.

— Vous n'allez pas vous coucher sans avouer. Songez que vous pouvez mourir cette nuit.

Bon Dieu ! ça ne s'arrangerait pas mon histoire. Voilà que j'étais pour ainsi dire menacée de mort. Et je cherchais, je cherchais. Rien ! La sœur me fit asseoir tête à tête avec mon crime pendant que les autres petites filles se couchaient. De temps à autre, elle venait s'enquérir de mes dispositions à l'aveu. Ce n'était pas de bonnes dispositions que je manquais, c'était de la matière même de l'aveu.

Je cherchais toujours, grelottante dans ma chemise de nuit. À la fin — au bout d'une heure peut-être, mais à moi il me semblait que la moitié de la nuit était passée — elle me dit :

— Je comprends que cela vous gêne de répéter ce mot. Je vais vous aider. P...

C'était bien bon de sa part mais, affolée que j'étais par l'inattendu, l'inextricable, le tâtillon et le démentiel de cette histoire, et par l'envie de dormir, p... c'était peu pour me mettre sur la voie. Je cherchais toujours.

— Eh bien? P... Pi...

Pi...? Je n'étais guère brillante ce soir-là. Pi? Je ne voyais pas de quoi il s'agissait. Finalement, la bonne sœur, qui voulait s'aller coucher je suppose, mais qui ne voulait pas pour autant me laisser risquer mon salut éternel, perdit patience.

— Vous avez dit pipi.

Et elle mettait sa main sur sa bouche comme ma petite voisine. Elle me fit dire mon acte de contrition et je pus regagner mon lit.

Le jeudi suivant, au parloir, mes sœurs racontèrent que je m'étais fait gronder, mais qu'elles ne savaient pas pourquoi. Maman voulut savoir. Eh bien! j'étais si persuadée d'avoir fait quelque chose, non pas d'affreux, mais de dérogatoire à l'esprit de l'institution, que je ne voulus pas raconter devant mes sœurs une chose qui, si elles l'eussent connue, les aurait plongées sans aucun doute dans le plus pénible embarras.

— J'ai dit que la nourriture était mauvaise, que ça ne valait pas de la crotte de chat.

Au fond, ça n'était guère mieux, mais je sentais qu'il y avait entre les deux mots une différence énorme: dans le deuxième, il n'était pas question des besoins humains. C'était l'humain qui était rejeté. De toutes façons, maman riait aux larmes et mes sœurs aussi.

— N'y pense plus, dit maman. C'est oublié.

Voire.

Je n'aimais pas mentir à maman. Cela m'arrivait rarement. À grand-maman, cela ne m'arrivait jamais.

C'est que, si celle-ci me grondait quand j'avais mal fait, elle ne me punissait pas. Elle jugeait qu'une gronderie suffisait. Avec maman, c'était différent. Quand nous avions commis quelque faute trop apparente, brisé un objet par exemple — il faut dire que mon père ne faisait pas la part de la maladresse enfantine et qu'il nous punissait tout autant pour une faute délibérée que pour le bris accidentel d'un carreau —, il fallait bien qu'elle raconte l'incident. La première question que posait mon père c'était: «A-t-il été puni?» Maman n'aurait pas pu, décemment, répondre oui si nous ne l'avions pas été. Il n'est pas possible d'élever les enfants dans cette sorte de complicité. Il fallait répondre par de vigoureuses affirmations sans quoi il se serait chargé de la punition. Maman voulait éviter cela autant que faire se pouvait. Cela n'empêchait pas mon père, il faut le dire, de nous octroyer souvent une deuxième punition, et qui n'était jamais de la même espèce que la première. Maman nous envoyait au coin. Je n'ai pas mémoire d'y avoir été envoyée par mon père.

Ce n'est pas bien méchant d'être envoyée au coin. Si j'avais cela en horreur, c'était par crainte que mon père n'arrivât pendant que j'y étais. Je n'oublierai jamais ma terreur le jour où, ayant été vraiment par trop insupportable, je fus laissée au coin jusqu'à ce que les pas de mon père ébranlassent l'escalier.

— Maman! Pardon! Pardon! Je vais être bonne.

Prestement pardonnée et pénétrée de reconnaissance, je me montrai les jours suivants d'une sagesse sans précédent et d'une tendresse telle — je m'en souviens très nettement — que j'embrassais jusqu'à sa robe.

Mentir à mon père, c'était tout autre chose. Une sorte de nécessité vitale. De sport aussi. Et de vengeance, tout compte fait. S'il avait fallu tenir l'état de tous les mensonges inventés par chacun de nous, disons pendant vingt ans, cela aurait occupé un rude comptable. L'enfant ment non seulement quand il a peur mais aussi, quand il fait face à des personnes qu'il ne respecte pas. «Ceux-là ne méritent pas que je leur dise la vérité.» Car la franchise, ce n'est pas seulement un devoir. C'est un cadeau. Pour encore tout aggraver, mon père n'avait aucune perspicacité. Il croyait que nous mentions quand nous disions la vérité et vice versa. Les pensées que semblable disposition inspire à un enfant ne sont pas indulgentes.

Je m'acheminais donc vers la première communion. Les jours précédant la cérémonie furent employés à des sortes de répétitions. On nous enseigna comment communier, comment nous confesser. Ce fut à cette occasion que mon péché, ma mauvaise parole, revint sur le tapis. L'exercice-confession se passait à haute voix entre la bonne sœur et les cinq ou six petites filles qui marchaient au catéchisme. La bonne sœur s'asseyait, l'une de nous s'agenouillait tout contre et accusait «des exemples de péchés». Quand vint mon tour, on passa brusquement de l'exemple à la réalité.

— Vous n'oublierez pas de vous accuser de... Enfin, vous me comprenez...

Patatras! J'avais, de nouveau, oublié mon crime. Je la regardai avec l'air d'une qui ne comprend pas.

— Vous savez bien? Ce pour quoi vous avez été punie dès votre arrivée.

Les petites filles s'agitaient et me regardaient d'un drôle d'œil.

Là, vraiment, je fus désespérée. Je ne connaissais peut-être pas le mot «ridicule» mais j'eus le sentiment très net que, si je me laissais faire, j'allais y plonger tête première.

Pour tout compliquer, la surveillante en second, celle que l'on appelait la deuxième maîtresse de la division, se mit à vouloir, elle aussi, me préparer à une bonne communion. Elle avait su que j'avais dit une mauvaise parole, mais elle ignorait de quoi il retournait. Il y avait pourtant là une conversion à opérer et les conciliabules particuliers entre elle et moi devinrent interminables. Je fus, une fois de plus, sommée d'avouer. Je ne comprenais pas pourquoi, puisque j'avais déjà tout avoué à la première maîtresse et que, de toutes façons, j'étais censée le faire une fois pour toutes au confessionnal. Je dis «censée» car je n'étais pas bien persuadée de la nécessité de cet aveu. D'autre part, j'avais peut-être fait un véritable péché. Je ne m'y retrouvais plus.

Enfin, grâce au ciel, nous eûmes un cours de l'aumônier même qui devait nous confesser. Il nous expliqua que, pour pécher, il fallait savoir que l'on faisait quelque chose de mal. Mon problème était résolu. Lors du conciliabule suivant, j'eus envie de faire part de ma découverte à la mère Sainte-Mathilda mais, à la réflexion, je préférai m'abstenir. Avec les adultes, on parle toujours trop.

À cause de toutes ces histoires, je voyais venir le plus beau jour de ma vie sans grande ferveur. N'eût été le souvenir de la mousseline et du tulle, j'aurais été plus ennuyée qu'autre chose.

Le moment de la confession arrivé, la bonne sœur me fit un dernier petit signe — avec toutes ces messes basses, je commençais à prendre figure de pestiférée parmi mes compagnes — et je disparus derrière le rideau. L'aumônier, M. Larue, fut tout à fait mignon. Il me prit sur ses genoux, affirma qu'à mon âge on ne voulait pas offenser Dieu et dit que de toutes façons, il me donnait l'absolution au cas où j'aurais fait quelque chose de mal. J'étais bien d'accord. Je récitai mon acte de contrition, il me donna une sucette, et je sortis de là fière comme Artaban, avec le vif sentiment que mes deux maîtresses de division avaient été roulées.

Le soir, au dortoir, je trouvai sur ma chaise la longue robe étendue, le voile, les dessous de broderie, l'aumônière. Grand-maman m'envoyait, en outre, une robe de mousseline brodée — que je possède encore, une robe toute cousue main à points si menus qu'ils font plaisir à voir — mais courte celle-là et destinée à être endossée après la cérémonie, de façon que je ne sois pas, toute la journée, empêtrée dans mes jupes. Tout cela était bien expliqué dans une lettre accompagnant le colis. J'étais folle de joie.

Le lendemain matin, la religieuse vint m'aider à m'habiller. Elle me mit, malgré mes protestations, la combinaison courte, la robe courte, puis la combinaison longue et la robe longue. Il n'y avait qu'une paire de souliers et ce fut heureux. J'avais peine à respirer et j'étais monumentale. Je descendis à la chapelle fort préoccupée de cette bévue et je ne crois pas avoir pensé à autre chose de toute la cérémonie.

Après la messe, maman, grand-maman et grand-papa vinrent à la grande porte nous rencontrer, mes deux sœurs et moi, et nous passâmes la journée tous ensemble chez grand-maman. Diana dut repasser ma robe courte qui était sortie bien chiffonnée de cette aventure et tout redevint agréable. — Cette robe avait dû être la cible de quelque jettatura: la dernière fois qu'elle servit, ce fut pour une distribution de prix. Ma sœur Margot la portait. On la lui mit sens devant derrière, si bien que la pauvre, incapable de plier les bras, avait l'air semi-crucifiée et faisait peine à voir. De plus, comme les manches couvraient juste le coude, les religieuses se refusèrent à lui laisser montrer autant de peau. Elles lui confectionnèrent rapidement — et je pense que cet adverbe dit bien ce que je veux laisser entendre — de robustes manchettes d'un coton écru qui formait avec la mousseline suisse un contraste inattendu.

Quelques jours plus tard, je retournai chez mon père. Mon premier contact avec le pensionnat me laissait plutôt dépitée — d'autant plus que je l'avais imaginé tout à fait rose — mais je le préférais sans aucun doute à la maison paternelle. Mes sœurs étaient du même avis. Quand arrivaient les derniers jours de l'année scolaire, nous étions les seules à ne pas être affolées d'impatience et de bonheur.

Parfois, quand nous arrivions à la maison, nous avions la chance que mon père en soit absent. Il pratiquait son métier d'ingénieur pour le compte du gouvernement de la province et s'occupait de la construction des routes, ce qui l'amenait, l'été, à voyager souvent. Dans notre malheur, nous avions cette bonne fortune: quatre jours de répit ici, trois jours là.

Maman était douée d'une vive disposition à la gaieté. Malgré les conditions pénibles où elle vivait, cette disposition avait survécu. Au reste, la plupart de ses enfants en avaient hérité. Aussi, quand mon père partait, il tournait juste le dos et nous étions transformés. Je me souviens surtout de la différence de climat qui existait entre nos retours de la messe quand il était en voyage et ceux où il était présent. Nous empruntions pour ce faire, et jusqu'à ce que la route fut tracée, la voie ferrée. Les dimanches où nous étions entre nous, le retour s'effectuait dans une folle gaieté. Nous chantions

J'ai trouvé le lit du lièvre
Mais le lièvre n'y était pas
Le matin quand il se lève
Il emporte son lit, ses draps.

Ou bien

Près de la fontaine, un oiseau chantait
Un oiseau, à la volette...

— Maman, chante-nous la chanson du fantôme.

Un fantôme...

— Non, raconte d'abord l'histoire.
— Mais je vous l'ai déjà racontée cent fois.
— Ça ne fait rien, c'est toujours drôle.

Je l'ai bien oubliée cette histoire. Tout ce dont je me souviens c'est qu'il y avait une histoire, qu'il s'agissait d'une amie de maman, peut-être Louise de Grandpré, qui chantait cette chanson pour faire rire ses compagnes. Mais il y avait quelque chose autour de l'origine de la chanson que j'ai perdu. L'histoire racontée, maman pouvait enfin chanter

Un fantôme brillant séduisit ma jeunesse.
Mais enfin revenue de mes égarements...

Nous nous tordions de rire et cela recommençait chaque fois que nous rentrions de la messe seule avec elle. Autrement nous revenions dans le plus funèbre silence.

C'est à cause de ces répits, je pense, que nous avons pu tenir. Cette petite espérance de pouvoir souffler nous portait d'une semaine à l'autre, d'un mois à l'autre, jusqu'à ce que le pensionnat nous reprît en septembre.

Au milieu d'août, nous commencions à préparer les valises. Cela ne se passait pas sans drame. Il y avait toujours des objets à remplacer. Il fallait demander de l'argent. Saleté d'argent. Le jour où il devenait impossible de ne pas en demander, tous les enfants étaient prévenus. La veille, maman jetait avec une feinte négligence :

— Demain matin, il me faudra demander de l'argent à votre père.

Nul besoin d'en dire plus long. Cela valait toutes les recommandations. L'aurore nous trouvait furtifs. Nous ne marchions pas, nous glissions. Nous nous efforcions de ne pas encombrer les salles de bains, tout en atteignant une propreté encore plus nécessaire ce matin-là que les autres. Nous nous précipitions vers la salle à manger, prêts à ingurgiter d'une cuiller imperturbable toutes les bouillies qui font les centenaires. Nous en redemandions. C'est bon, disions-nous avec une belle imprévoyance des obligations que cela nous créait pour le lendemain où il faudrait en reprendre pour rien. Puis, le petit déjeuner s'achevait. Un vent de terreur nous poussait chacun là où nous pouvions être le moins encombrants.

Dans la cuisine, de son mouchoir roulé en boule, maman s'essuyait sans cesse le visage et les mains. Je la vois encore — je pourrai tout oublier, cela je ne l'oublierai jamais — vêtue de l'éternelle robe de percale grise qu'elle portait dans la maison, ses cheveux trop longs, et qu'elle n'avait pas la permission de couper, noués en un lourd chignon qui la fatiguait et qu'elle soulevait machinalement, la tempe luisante de baume mentholé, car ces jours-là étaient jours de migraine, oui, je la vois facilement. Je l'ai vue si souvent.

Vers huit heures vingt — son train passait à huit heures et demie — mon père gagnait l'antichambre et se préparait à partir pour son travail. Comme tous les matins, il avait oublié de prendre un mouchoir, ou ses clefs, ou ses cigares. Lui seul avait droit à ce genre de faiblesses et il faut dire qu'il ne s'en privait pas. L'un de nous volait à l'étage et lui rapportait l'objet. C'était cet instant que maman attendait dans la cuisine. Elle l'attendait en priant tout bas. Je trouvais ce spectacle épouvantable. Elle remuait les lèvres, la tête inclinée, les mains jointes sur son mouchoir trempé. Elle s'arrêtait de prier et je croyais le moment venu. Mais non, elle recommençait et je savais bien que la tentation était forte d'attendre qu'il soit trop tard. Tout à coup, elle franchissait la distance qui la séparait de l'antichambre presque d'un seul bond, comme pour s'interdire la possibilité de reculer. Pressé par l'heure, mon père n'avait plus le temps de faire une scène de grande envergure. Mais, les plus mauvais matins, il préférait manquer le train plutôt que de rater l'occasion. D'abord, il savait bien que maman avait retardé sa demande dans l'espoir de limiter les dégâts et, comme c'était les questions d'argent qui le faisaient entrer dans ses plus belles transes, il se sentait frustré. Et puis, n'allions-nous pas, s'il ne se mettait pas en colère, prendre l'habitude de quémander autant d'argent que nous en avions besoin?

Le train suivant ne passait qu'à neuf heures et quart. Cela donnait trois quarts d'heure pendant lesquels presque tout pouvait arriver. C'est long trois quarts d'heure.

Je me souviens, en particulier, d'un matin plus affreux que les autres. À la demande de maman, mon père avait répondu par une explosion vraiment exceptionnelle et pourtant, l'exceptionnel était difficile à atteindre. Après trois quarts d'heure, au cours desquels il s'était montré d'une brutalité inouïe envers ceux de nous qu'il put attraper, il sortit enfin de la maison. Ce jour-là, il partait en voyage. Maman, la pauvre chère, ne voulut pas le laisser partir — sait-on jamais ce qui adviendra en voyage et si l'on en reviendra — sans tenter une réconciliation. Elle le suivit sous la véranda et lui tendit la main. Puis, comme il ne faisait pas mine de la lui prendre:

— Tu ne vas pas refuser de me donner la main?

Pour toute réponse, il la lui fit voler d'un revers digne de la force dont il était si fier. La petite main vint s'écraser sur le mur de briques et se mit tout de suite à bleuir. Vers le soir, elle devint énorme et noire, un objet horrible et qui faisait mal à regarder. Mais maman n'eut pas un mot de blâme. Je dois dire que cette pieuse disposition ne m'édifiait nullement, au contraire, au plus secret de moi-même, elle m'exaspérait.

Il avait toujours été et il fut toujours de règle que mon père, sa colère faite, rabattît la somme demandée d'une importante fraction. Cela fait, il entreprenait de se trouver des besoins.

— Tu m'achèteras, pendant que tu y seras, une chemise, deux cravates, etc.

Sans donner un sou de plus, va sans dire. Content de lui — mais le contentement ne le rendait pas pour autant plus agréable — il partait. Enfin!

Ma sœur aînée avait coutume de dire:

— On compte avoir besoin, au plus juste, de cinquante dollars. On se dit, j'en demanderai trente-cinq. Le moment venu, on en demande vingt-cinq. Et on en reçoit quinze, sur quoi il faut distraire sept pour la chemise ou les cravates.

Mon père faisait, en effet, grande consommation de cravates. Il les salissait beaucoup et ne se fiait qu'à lui pour les nettoyer: ammoniaque ou eau de Javel non étendue, poudres abrasives, tout y passait. Les cravates aussi. Le premier résultat, comme bien on pense, était une tache décolorée. Pour y remédier, il se servait d'encre, de cirage, de peinture. En séchant, tout cela cassait et emportait le tissu dans sa chute. Un ingénieur n'est pas un chimiste, bien sûr, mais il me semble que cela devrait avoir des lueurs sur les propriétés du chlore. J'ai toujours pensé que s'il n'avait été, pour notre malheur, qu'avocat ou notaire, c'est-à-dire plus éloigné encore des propriétés du chlore et du reste, il serait arrivé à pulvériser la maison pendant l'un ou l'autre de ces nettoyages. En attendant, il devait disposer en cachette d'un grand nombre de cravates trouées mais rien au monde ne l'aurait poussé à demander conseil. Il savait tout.

La rentrée avait lieu entre le premier et le sept septembre. J'eus le soulagement, en arrivant au pensionnat pour cette première année complète, de constater que la religieuse-brosseuse avait été promue à la surveillance de la troisième division. Cette année-là, ce furent mes sœurs aînées qui bénéficièrent des qualités d'éducatrice de cette sainte fille dont je voudrais raconter, avant de la quitter, comment elle accueillit la nouvelle de la naissance de ma sœur Thérèse, la dernière-née.

— Maman a eu une belle petite fille, s'écria Dine en revenant du parloir.

À sa surprise, elle fut, du coup, envoyée au coin pour apprendre, quand elle vint demander pardon, qu'elle aurait dû dire :

— J'ai eu une belle petite sœur.

Nuance. Il va de soi que la naissance d'une sœur est un événement décent où la chair n'a pas de place tandis que celle d'une fille, même pour une maman chrétienne et tout, implique un enfer charnel qu'on se doit d'ignorer — en paroles tout au moins car les pensées de ces obsédés, ça doit être quelque chose ! Celle-là se serait bien entendue avec mon père et pour les silences et pour les pensées. Elle craignait tellement les propos impurs entre fillettes et l'occasion qu'en donnent les récréations, qu'elle faisait tenir toute sa division en un bloc solide au milieu de quoi elle pivotait, tout yeux et tout oreilles. Parodiant le principe bien connu « jamais deux, toujours trois », elle allait dans la vie, très fière de sa trouvaille, en répétant : « Jamais deux, jamais trois, toujours toute la division. » Il fallait voir ces malheureuses, une bonne quarantaine d'élèves, ne pouvant jouer ni courir, agglutinées autour de cette poule noire comme des poussins malades.

Moi, j'étais pour longtemps encore dans la division

des petites. La nouvelle première maîtresse, la mère Saint-Chérubin[1], ne m'aimait pas beaucoup. Elle avait commencé par vouloir me défriser les cheveux en les lissant avec de l'eau, ce qui les fit friser deux fois plus et ce pour quoi, je pense, elle perdit toute confiance en ma docilité. D'autre part, j'ai toujours eu le sentiment qu'on lui avait raconté l'histoire de ma mauvaise parole et qu'elle m'en tenait rigueur. Et puis, j'étais raisonneuse. J'ai toujours été raisonneuse. Quand arriva l'époque de Noël, elle eut l'occasion de me prouver son aversion et moi, celle de bien rire dans mes jeunes barbes.

Nos allées et venues, à ce moment de l'année, tenaient du ballet : avancez, reculez, tournez... Nous assistions à la messe de minuit au couvent, nous allions passer la journée de Noël dans nos familles, nous en revenions le soir, le lendemain nous assistions à la lecture des notes du premier trimestre, après quoi nous retournions dans nos familles pour les vacances. Les pauvres parents voyaient ces jours de réjouissances gâchés par toutes ces conduites et ces reconduites. Là, je m'apitoie sur le sort des autres car, chez nous, les réjouissances... Bref, il était d'usage, le soir de la Noël, de faire dans chacune des quatre divisions une petite fête que nous préparions longuement.

Je chantais fort mal, paraît-il, me servant de mon nez plus que de raison, mais je le faisais sans aucune confusion. On m'avait donc choisie pour chanter avec deux autres petites filles qui avaient de jolies voix mais qui

---

1. Son véritable nom n'était pas aussi doux. Au reste, j'ai changé les noms de tous les méchants parce qu'ils sont peut-être devenus bons, qui sait ?

souffraient de timidité. Elles fournissaient la qualité et moi l'aplomb. Nous avions préparé «Trois anges sont venus ce soir» par quoi la représentation commençait. Pour la circonstance, nous devions endosser des ailes blanches et froufroutantes. J'aimais me costumer. J'étais ravie.

— Celles qui arriveront après quatre heures ne joueront pas ce soir, dit la bonne sœur en nous offrant ses vœux.

Or, pour sortir de notre désert familial, il n'y avait, surtout les dimanches et fêtes, que peu de trains. Nous avions le choix entre un train qui nous aurait ramenées à Québec deux ou trois heures trop tôt et un autre, un petit quart d'heure trop tard.

— Tu ne me feras pas croire que la religieuse n'est pas assez intelligente pour comprendre ça, dit maman.

Pauvre maman!

Je fus accueillie par un:

— Vous êtes en retard d'un quart d'heure, vous ne jouerez pas ce soir.

La représentation avait été montée par la deuxième maîtresse, l'artiste des deux. Elle eut beau supplier, rien n'y fit. Après le dîner, toutes les fillettes commencèrent à se préparer, sauf les quelques parias qu'on ne choisissait jamais pour ce genre de choses et moi, la punie. Les invitées, une vingtaine de novices et de postulantes, prirent place.

Les deux anges non punis «qui venaient ce soir» semblaient dans leurs petits souliers. Ils s'amenaient à pas hésitants. Le piano préluda. Le moment d'attaquer passa sans qu'ils ouvrissent la bouche. L'accompagnatrice improvisa une petite fantaisie et recommença le prélude. Rien ne se produisit. Finalement, elle donna fortement la note. Deux faibles cris de souris enrouées sortirent et rentrèrent aussitôt. Une des fillettes se mit à pleurer. L'autre ne voulut pas négliger une si bonne façon de s'en tirer et l'imita sans tarder. Il fallut aller les chercher et les conduire à l'écart.

On voulut passer au deuxième numéro. Mais la panique avait fait son œuvre. Toutes les petites gorges étaient nouées et tous les yeux se noyaient. Assurance, mémoire, feu sacré s'en allaient en fumée. Les invitées s'agitaient et maudissaient, je suppose, la tradition qui voulait que les novices assistassent à la fête des petites. Il fallut interrompre ce que je n'ose plus appeler la représentation. Et qui fut blâmée ? Vous pensez bien que ce fut moi. D'autant plus que, si sotte qu'elle fût, la bonne sœur ne laissait pas de deviner que je me moquais d'elle dans mon petit for intérieur.

Eh oui ! je chantais du nez de façon pénible. Malgré tout, on me donnait bien souvent l'occasion de le démontrer. C'était à cause de mes cheveux. Toute l'année, on essayait de me les défriser mais, advenant le cas où l'on avait besoin d'un saint Jean-Baptiste, par exemple, on était trop content que je sois affublée de ce que l'on considérait autrement, comme mondain. J'avais la chevelure mondaine. Mais, à la messe de minuit, je pénétrais la première dans la chapelle, ma robe blanche en partie recouverte d'une imitation de peau de mouton, houlette en main, la tête mi-voilée de ce que j'appellerais un moyen terme — je jouais le rôle d'un garçon mais je restais une fille ; d'autre part, il fallait bien que l'on voie mes cheveux puisque c'était pour ça que j'étais choisie — j'entrais donc dans la chapelle en chantant. Ma sœur Françoise prétend que je chantais

Petit Jésus si humble dans la crèche
Ah! rendez-moi bien sage comme vous.

Moi je pense que c'est à un autre moment que ce cantique était chanté et qu'au moment dont je parle je chantais

Ça bergers, assemblons-nous
Allons voir le Messie.

Bref!

— Ne chantez pas trop du nez, me soufflait la sœur au dernier moment.

J'aurais bien voulu répondre à ce vœu, mais il semble que je ne m'entendais pas. Pour la fête de l'aumônier, cette année-là, on me confia, toujours en raison de ma chevelure, le rôle d'un petit Italien dans une manière d'opérette à deux personnages. Le texte était truffé de mots tels que «lazzaroni, macaroni», que nous lancions en faisant rouler les *r*. Si j'ai oublié toutes les paroles sauf «N'éveillez pas le chat qui dort», je peux encore fredonner le grand air. Mon costume causa bien des incertitudes. On ne voulait pas, est-il nécessaire de le souligner, me faire porter la culotte, mais on aurait bien voulu, également, ne pas m'affubler d'une jupe. On aurait pu changer le rôle, en faire une fille, mais c'était vraiment un personnage trop déluré pour ça. À la fin, on me mit une grosse culotte bouffante recouverte d'une jupe à plis un rien plus courte, des bas blancs qui représentaient bien fictivement la peau de mes jambes et, par-dessus, des chaussettes s'arrêtant aux genoux. Comme corsage, deux tricots superposés, un rouge et un jaune, pour faire voyant et italien. Sur le chef, un coquin de petit chapeau qui, cette fois, me cachait entièrement les cheveux. Ça ne faisait rien. Ils étaient là, en-dessous, et tout le monde savait qu'ils étaient frisés.

Dans les coulisses — en l'espèce le corridor — l'autre comédienne, une grande prénommée Blanche, tremblait comme la feuille.

— Tu n'as pas le trac, me demandait-elle sans cesse.

Je ne savais pas ce que cela voulait dire au juste et, de toutes façons, je n'étais préoccupée que de ne pas chanter du nez. La mère Saint-Joseph, qui avait monté ce spectacle, me mit des gouttes dans les narines, me fit moucher une bonne dernière fois et me poussa en scène où je devais faire quelques pas hésitants, bâiller, et me coucher sur le parquet comme font, on le sait, les Italiens. À chaque entracte, la mère Saint-Joseph me bouchonnait un peu car, sous mes lainages je tournais en eau, me remettait des gouttes et me faisait moucher.

— Bon, tâchez de ne pas chanter du nez.

Tous ces soins ne changeaient rien à l'affaire. Si je chantais ainsi ce n'était pas que j'eusse le nez bouché, c'était que ma voix avait choisi de sortir par là.

J'apprenais donc le catéchisme, l'arithmétique, l'histoire sainte, un peu d'anglais — tiens ! il me revient subitement qu'un jour sur deux nous disions toutes nos prières en anglais « Our Father », « Hail Mary » et tout... — et peut-être de la géographie, mais j'ai beau chercher dans ma mémoire je ne me souviens bien que des cours de français : la grammaire, la lecture à haute voix, la dictée.

À propos de dictée, il y avait un cahier que nous appelions le cahier d'honneur où chaque petite qui avait pris, sans fautes, une dictée de concours, la recopiai de sa plus belle écriture. Quoique la mienne fut encore fort mauvaise, je rêvais de mériter cet honneur. Le jour où je pourrais annoncer cette bonne nouvelle à grand-maman dans ma lessive — j'envoyais mon linge à lessiver chez elle et c'est par cette valise diplomatique que nous correspondions —, ce jour m'apparaissait, de loin, comme le plus beau de ma vie. Enfin, cela m'advint. Je copiai ma dictée, la langue sortie d'une aune. J'étais folle de joie.

Mon travail terminé, j'allai reporter le cahier d'honneur à la mère Saint-Chérubin qui me rappela aussitôt.

— Vous n'avez pas honte de votre écriture ? Regardez celle de Cécile à côté de la vôtre.

Or, si Cécile était dans ma classe, elle avait trois ans de plus que nous toutes. Tant d'injustice me chavira le cœur.

— Cécile a trois ans de plus que moi.

Je n'avais pas encore fermé la bouche qu'un énorme soufflet me ramena à une plus juste notion de la partialité. Je ne fus pas peu étonnée, les jours suivants, d'apprendre que la mère Saint-Chérubin répandait le bruit que je me rajeunissais. On aurait tort de croire que ces histoires de rajeunissement n'ont cours que chez les actrices et les mondaines mûrissantes. Dans les pensionnats que je connais, ceux que j'ai fréquentés et ceux que mes sœurs ont fréquentés, dès qu'une enfant est le moins du monde plus avancée qu'une autre, on chuchote qu'elle se rajeunit. Il arrive, ce fut mon cas, qu'on en soit accusé avant même de savoir ce que rajeunir veut dire.

Après ce soufflet, la mère Saint-Chérubin me prit tout à fait en haine. Je ne l'aimais guère non plus mais mes sentiments n'avaient rien de comparable aux siens.

Ce n'était pas surprenant. J'ai souvent remarqué qu'après les coups, le frappeur hait plus que le frappé.

Tous les jours, maintenant, m'apportaient quelque vexation.

Par le truchement du paquet de linge propre, grand-maman nous envoyait souvent des bonbons. Déjà, à cette époque, les pharmacies étaient bien fournies de gâteries de toutes sortes. Comme il arrivait souvent que des cartons soient endommagés, que des chocolats à l'étalage soient blanchis par le soleil et que, d'autre part, nous formions, mes sœurs et moi, une clientèle toute prête à disposer de ces invendus, il se trouvait que nous recevions, parfois, des colis hors de proportion avec ce que les enfants recevaient ordinairement en bonbons. La mère Saint-Chérubin en conçut de l'irritation. En temps normal, elle n'y pouvait guère plus que de parler sans cesse de ma gourmandise mais elle m'attendait au carême. Semaine après semaine, elle me força à tout donner aux pauvres. Quels pauvres? voilà ce que je n'ai jamais su. Elle partait, la boîte sous le bras, et je n'entendais plus parler de rien. J'étais sûre qu'elle s'empiffrait, le soir, dans sa cellule et il eût été difficile de me persuader du contraire. Je n'osais pas raconter cela à grand-maman, car je craignais qu'elle en ait du chagrin. Long carême.

Il se produisit à peu près la même chose le jour où cette religieuse découvrit que grand-papa me donnait des billets de vingt-cinq cents que nous appelions des vingt-cinq cents de papier et qui étaient considérés un peu comme de l'argent destiné aux enfants, des bébé-dollars. Je les conservais amoureusement comme tout ce qui me venait de grand-papa.

Un jour, après la prière du matin, la mère Saint-Chérubin se lança dans une harangue en faveur de l'œuvre de la Sainte-Enfance. Brandissant la tirelire où nous devions verser nos dons, elle nous fit remarquer que cela ne faisait pas beaucoup de bruit, ce dont tout le monde convenait et chacune, je pense, était prête à verser une petite pièce. Mais elle enchaîna avec perfidie :

— Évidemment, l'argent ne fait pas toujours de bruit. Si l'une de vous, par exemple, décidait de donner les vingt-cinq cents de papier qu'elle ramasse avaricieusement, cela ne sonnerait pas beaucoup dans la tirelire, mais songez au nombre de petits Chinois dont elle pourrait racheter l'âme.

Tout le monde me regardait. Je n'en croyais pas mes oreilles. Donner ce qui me venait de grand-papa ? Ah non ! Jamais ! Je faisais la sourde et l'aveugle. D'autant plus que je savais bien n'être pas la seule à posséder quelque argent et que certaines petites filles avaient des économies beaucoup plus considérables que les miennes. Pendant que je faisais la sourde, le temps des insinuations avait passé.

— Vous n'êtes qu'une avare, dit la mère Saint-Chérubin en pointant vers moi un index infamant, un cœur dur, bla, bla, bla.

Si bien qu'à la fin, je sortis un billet et m'en fus l'introduire dans la fente de la tirelire.

— C'est tout ? C'est bien peu.

J'en mis un second.

— Deux ? Le sort des âmes des petits Chinois ne vous importe guère.

Elle ne me lâcha que lorsque j'eus tout mis dans cette maudite fente. Il n'y avait peut-être, en tout, qu'une dizaine de billets mais il me semble que cette opération dura des heures tant j'ai conservé vif le souvenir du mal que j'éprouvais. Eh bien! je le déclare en vérité (on peut bien employer ce langage quand on a racheté des âmes), après quarante ans passés, cet argent je ne l'ai pas encore donné vraiment au fond de mon cœur, ce qui m'apparaît comme assez ennuyeux pour certaines âmes même jaunes et ne valant, la paire, que vingt-cinq cents.

J'ai l'air de souffrir du délire de la persécution. Il y aurait de quoi. Mais il ne faut pas croire que j'étais la seule à être persécutée. Nous l'étions à peu près toutes chacune à notre tour et chacune pour des raisons qui nous étaient propres. Ainsi, je me souviens d'une petite toujours soupçonnée d'avoir jeté ses croûtes de pain derrière le calorifère, ce qui amenait des scènes fort émouvantes : « le pain du bon Dieu », avec larmes dans la voix et tout, et tout.

— C'est encore vous, Pauline?

Pauline avait beau s'en défendre, elle finissait habituellement par être forcée de manger les croûtes sèches, aggravées de rouleaux de poussière. Il arrivait, parfois, qu'elle s'en défendît avec tant de sincérité que la mère Saint-Chérubin restait avec sa trouvaille sur les bras.

— Puisque personne ne veut avouer sa culpabilité, je vais les apporter et ce sera mon dîner ce soir.

Cela ne trompait personne et moins que les autres, moi qui avais vu de mes yeux la mère Saint-Chérubin entrer furtivement dans les cabinets avec son petit paquet de croûtes et en ressortir les mains vides. Mais, le plus souvent, la pauvre Pauline, secouée de nausées, sanglotante, insensible à la notion « pain du bon Dieu », devait manger jusqu'à la dernière miette. C'était pitié de la voir épousseter ses croûtes.

Pour ma part, je sais bien que les lettres que grand-maman — et parfois grand-papa qui, homme, n'aimait guère écrire — glissait dans mes paquets de linge, irritaient la bonne sœur. Ces billets — elle les lisait : c'était elle qui ouvrait les colis — commençaient la plupart du temps par « Ma belle chérie ». Cela avait le don de rouler en boule la sécheresse janséniste de la mère Saint-Chérubin. Surtout, comme bien on pense, le mot belle.

Est-il constant que l'amour porté aux enfants par les uns suscite les mauvais traitements des autres ? J'inclinerais à le croire. Chaque fois que j'ai été aimée, pendant mon enfance, cela m'a été lourdement facturé. Ainsi, la profonde affection d'une religieuse, la mère Marie-du-Bon-Conseil, m'attira l'animosité de deux ou trois autres sans compter celle des petites filles pour qui amour voulait toujours dire injustice, ce qui n'est pourtant pas toujours le cas. Ce qui entraîne l'injustice, c'est le caprice. J'ai connu, bien plus tard, une sœur qui allait, comme ça, de caprice en caprice et, mon tour venu, j'ai bénéficié pendant quelques mois de plusieurs injustices. Mais le sort de celle dont le tour était passé n'était pas rose.

Nous sommes plusieurs, ici, à nous plaindre de ce qu'on nous ait laissé l'esprit en friche. Et le cœur, donc, le cœur ! Le mot seul faisait rougir. De honte. Et de colère, aussi, souvent.

Cette première année de pensionnat tirait peu à peu à sa fin. Le printemps venu, on laissa les fenêtres du dortoir ouvertes pendant la nuit et j'entendis, un matin où je m'étais éveillée avant la cloche, la sonnette lointaine d'un tramway. C'était sûrement celui qui, arrivant par l'Avenue des Érables, parcourait la Grande-Allée, la rue Saint-Louis, la Côte de la Fabrique, puis la rue Saint-Jean où habitaient grand-papa et grand-maman. Peut-être les vacances prochaines me permettraient-elles de passer quelques semaines avec eux. Cela se paierait par d'autres semaines passées chez mon père. J'étais bien prête à payer puisque, même en mon petit âge, rien ne m'était gratuit. En attendant, le cœur tout retourné, j'écoutais cette sonnette et j'apprenais ce qu'est la nostalgie du bonheur.

Entre-temps, ma sœur Thérèse était née. La cérémonie du baptême avait eu lieu, comme les deux précédentes, dans la chambre de maman. Bien échaudée, je n'apportai, cette fois, aucune suggestion sur le prénom qu'il convenait de donner à l'enfant. Il n'en était pas besoin. La vogue naissante de Thérèse de Lisieux suscitait de par le monde d'innombrables Thérèse et beaucoup de statues de plâtre.

Le seul souvenir désagréable que me rappelle cette cérémonie de baptême, c'est que la petite Marguerite faillit être écrasée sous le gros abbé Chouinard. Elle avait vingt-deux mois maintenant et ne pensait qu'à se servir de ses deux jambes comme tous les enfants de cet âge. Au moment du sel et de l'eau bénite, elle voulut profiter de l'immobilité générale pour trottiner, faillit tomber et s'accrocha résolument à l'abbé que son poids portait à chavirer sur lui-même au lieu de le fixer au sol comme on eût pu le présumer. Tout le monde se précipita, les uns pour raffermir l'abbé, les autres pour soustraire Margot à l'avalanche. Il y en avait bien trois cents livres et pour un peu nous retrouvions la petite comme une feuille de papier.

Pour nous, les trois pensionnaires, ce nouveau bébé

ne nous intéressait guère. Tout ce que nous en savions, c'est que maman ne venait plus nous voir et que, d'un jeudi à l'autre, les semaines étaient longues. Enfin, la très solennelle — et interminable — distribution des prix arriva après quelques jours consacrés à la pagaille et à la préparation des valises.

Des vacances qui suivirent j'ai peu retenu sauf que je les passai dans la certitude de ne plus retrouver la mère Saint-Chérubin à la rentrée. Sur la foi de mon expérience précédente, je m'étais imaginé que la première maîtresse changeait tous les ans. Ma déception en retrouvant son long nez fureteur, ses mains sèches et promptes à la calotte, ne fut pas mince. Je commençai l'année d'ores et déjà découragée, et rien n'est plus triste que d'être découragé à sept ans.

Il y avait à peine quelques semaines de passées, quand survint le premier avaro, comme nous disions mes sœurs et moi. Ce fut l'histoire de la lettre à Billy.

Billy était le mari d'une nièce de grand-maman, la fille de son frère Ovide de Bondy. Le grand-oncle Ovide habitait les États-Unis où il était organiste. Sa fille, Antoinette, avait épousé un adorable garçon qui, je dois le dire, portait le nom de famille de Connery. Mais en anglais cela n'avait pas d'importance.

Je l'avais connu, peut-être au cours des dernières vacances, peut-être des précédentes, alors qu'il était venu, avec sa femme et sa belle-mère, passer quelques semaines chez grand-maman. Il m'était apparu comme une sorte de héros. Il avait fait la guerre et parlait de la France avec enthousiasme. Le soir, je m'asseyais sur ses genoux et il me chantait des chansons américaines qu'il traduisait, comme ça, au pied levé. Des chansons où il était question de cette guerre qui m'apparaissait, maintenant, puisqu'on chantait, comme une longue partie de plaisir.

Je ne veux pas guérir, je ne veux pas guérir,
Car j'adore ma jolie infirmière.
Chaque matin et chaque soir
Elle m'apporte mon médecine...

— Ma médecine, corrigeait Antoinette de sa grosse voix.

*   ... ma médecine*
Avec un peu d'espoir
Le docteur dit qu'il craint pour ma condition
Mais grâce à Dieu j'ai encore des ambitions.

Cette idée de ne pas vouloir guérir me semblait assez cocasse.

— Tu vois, si j'étais malade et que tu me soignerais...

— Soignais, disait Antoinette.

— ... soignais, je ne voudrais pas guérir pour rester avec toi.

Devant de si gentils sentiments, je décidai que je l'épouserais quand je serais grande et je le lui dis. Jusqu'à son départ, nous ne parlâmes guère, tous les deux, que de nos fiançailles. Je savais bien, au fond de moi, que c'était une blague, mais j'essayais d'y croire, tant j'étais éprise de ce beau cousin.

Or, Billy était membre du Congrès américain. C'est à cause de cela qu'arriva l'histoire de la lettre. Il y eut des élections, il fut réélu — il le fut, au reste, jusqu'à sa mort vers 1937 — et grand-maman me suggéra d'écrire un mot de félicitations. Après avoir pondu un brouillon que je conservai soigneusement, je fis ma lettre et la remis à grand-maman. Deux semaines après, elle m'apporta la réponse de Billy. Je la rangeai, avec mon brouillon, au plus profond de mon pupitre, bien décidée à ne jamais me séparer d'un bien aussi précieux.

Comme bien on pense, nos pupitres étaient secrètement visités. Je le savais, aussi avais-je caché les lettres entre la couverture de ma géographie et le gros papier brun qui la protégeait. Peine perdue.

Le dimanche matin, il y avait lecture des notes de la semaine. Nous nous levions à tour de rôle pour nous entendre dire nos quatre vérités. Quand ce fut mon tour, ce dimanche-là, la mère Saint-Chérubin observa un long silence. Enfin, je la vis sortir deux feuilles de papier que je reconnus de loin. J'étais plus morte que vive. Sans préambule, elle se mit à lire ma lettre où je rappelais à Billy sa promesse de m'épouser. En retour, je lui promettais de n'avoir jamais d'autre soupirant que lui. Puis, je le félicitais chaudement d'avoir été réélu «congressman».

Je me mourais de honte. Non pas parce que mes sentiments me semblaient ridicules, mais parce qu'on les déballait devant tout le monde et que je sentais, déjà, que tout le puéril babillage de l'amour doit rester secret, qu'il faut, pour l'accueillir comme il se doit, la grâce d'état, la grâce d'être l'autre.

On passa à la réponse de Billy. Il avait appris à parler le français en prenant la taille et le menton de Madelon et ne connaissait guère notre grammaire. La mère Saint-Chérubin ne savait rien de cette façon d'apprendre une langue étrangère. Chaque faute fut soulignée de grands éclats de rire, même quand il s'agissait

d'erreur de genre comme en font, en français, les anglo-
phones.

— Il est Américain, tentai-je de dire à diverses reprises.

Mais, chaque fois, mon explication était couverte
d'un «Taisez-vous» fort dommageable pour l'honneur
de Billy. Ce qui me vexait le plus c'était que mes fiançailles semblaient considérées comme de vrais projets,
tandis que la réélection de Billy fut regardée comme
une vaste blague.

— Congressman! Pourquoi pas président des États-
Unis pendant que vous y êtes? Congressman? Avec
toutes ces fautes d'orthographe!

C'est peu de dire que j'étais stupéfaite. Je cherchais à
comprendre où commençait la bêtise, où continuait la
méchanceté, où finissait la mauvaise foi et vice versa,
mais je ne pouvais y arriver. Je ne respectais déjà pas la
mère Saint-Chérubin. Après cela, mon mépris fut sans
bornes. Cette truqueuse avait le toupet de nous dire
tous les jours qu'elle était l'épouse du Christ. Pauvre
Christ, il n'avait sûrement pas choisi ça librement, on
avait dû lui forcer la main. Mariage de raison, à tout le
moins. Pour tout dire, parmi ces épouses du Christ je
n'en ai connues que sept ou huit dont un simple
humain eût voulu. Je pense bien que le Christ n'en voulait pas non plus. Faute de le savoir, elles restaient là et
c'était nous qui faisions les frais de ces mésalliances.

Cette histoire se termina, comme tout se terminait
au couvent, où rien n'était jamais vraiment terminé. On
la ramenait donc sur le tapis deux ou trois fois par semaine et, aussi longtemps que la mère Saint-Chérubin
et moi fûmes face à face, on continua d'en parler à tort
et à travers. Pour moi, j'en retins surtout que je ne remis

jamais la main sur la lettre de Billy et je ne m'en consolai pas.

Ce qu'il y avait d'ennuyeux avec la mère Saint-Chérubin, c'était son inintelligence. C'est bien, de tous, le pire des ennuis. Pour en donner une juste idée, il faut raconter l'histoire des serpents. Il était défendu de se brosser les cheveux quand nous étions assises dans nos lits. Comme personne ne pense à faire ça, nous étions bien d'accord et respections la consigne, sans qu'il nous en coûtât beaucoup et sans poser de questions. Cependant, cette défense revenait souvent (les bonnes sœurs sont portées à faire de ces défenses qui ne correspondent à rien : dans mon deuxième pensionnat, on nous défendit, un jour, et avec une perverse insistance, d'emporter nos miroirs au bain. Personne ne l'avait jamais fait... mais cela se fit après). Il arriva donc ce qui devait arriver. Juste pour voir, ma voisine Adrienne, déjà assise dans son lit, en attendant « le cœur à Dieu », attrapa sa brosse et se mit à se brosser les cheveux avec la dernière vigueur. La mère Saint-Chérubin, toute pâle, arriva au galop. Elle fit lever Adrienne et lui fit secouer draps et oreillers.

— Mais pourquoi ? demanda la petite.

— Malheureuse ! ignorez-vous que les cheveux, dans la chaleur du lit, se changent en serpents ? Vous aimeriez, demain matin, vous réveiller au milieu des serpents ?

Il ne fut pas dit pourquoi les cheveux encore bien plantés sur la tête n'étaient pas, aussi, changés en serpents dans cette même chaleur du lit. Personne ne le demanda. Nous savions que mieux valait ne pas trop poser de questions fines. L'air cafard, la mère Saint-Chérubin s'excusa de devoir partager avec nous un secret aussi terrifiant : nécessité fait loi. Nous étions quelques-unes que cette histoire fit bien rire, mais beaucoup la crurent : la mère l'avait dit.

Toutes les anciennes couventines s'entendront pour vous dire que les nuits, au pensionnat, sont toujours trop courtes d'un bout et trop longues de l'autre. On nous mettait au lit quand nous n'avions pas encore sommeil et l'on nous faisait lever bien avant que nous eussions assez dormi. Il semble que jamais personne n'ait songé à rétablir le juste équilibre. Un décalage d'une heure eût suffi. Pensez-vous ! les fillettes de 1660 avaient suivi ce règlement et les archives du monastère ne rapportaient pas qu'elles en eussent souffert. Évidemment, quand on a sans cesse les Iroquois aux trousses, à l'aube on n'en peut plus. On ne désire rien tant que la position verticale. Mais nous, qui n'étions menacées que d'ordinaires serpents de lit, aurions bien aimé n'être pas sorties du sommeil à grand renfort de cloche. Une cloche qui n'était peut-être qu'une clochette mais qui, dans ma mémoire, reste une énorme chose.

La première année de mon internat, les enfants de la division des petites n'allaient à la messe qu'un matin sur deux. Moi, je trouvais l'autre matin appréciable. Toutes n'étaient pas de mon avis. La mère Saint-Chérubin avait deux chouchoutes : Cécile — la Cécile de la dictée et du cahier d'honneur — et Marie-Jeanne, qui était et qui est encore la cousine d'un de nos plus brillants journalistes, cela arrive dans les familles. Ces deux petites pestes n'imaginèrent-elles pas de demander l'assistance quotidienne à la messe. La mère Saint-Chérubin fut émue aux larmes. D'autant plus que les chouchoutes, perdant tout sens de la mesure, allèrent jusqu'à se rouler à terre devant tout le monde, mais oui, pour obtenir cette faveur. Il y eut une manière de référendum. Le lendemain, nous avions perdu notre heure de sommeil. Le vote s'était fait à main levée et toutes les mains s'étaient levées. Il n'aurait pas fait bon d'être dans l'opposition et nous le savions. Quelques menottes manquaient de vigueur dans le mouvement, mais on n'y regarda pas de si près.

La messe, cela pouvait toujours aller. Une fois le fait acquis, il n'y avait rien à dire sauf que le peu de piété que je m'efforçais d'avoir s'en allait en envie de dormir. Mais ce vent de ferveur entraîna bientôt chez la mère Saint-Chérubin des outrances ennuyeuses, c'est le moins qu'on en peut dire. Comme de raison, nous étions toujours encouragées à la communion fréquente, mais cela n'avait jamais été jusqu'à la vraie persécution. Maintenant, on y venait. Un matin, après la messe, la sœur nous fit placer en demi-cercle. Puis, elle sortit son carnet.

— Une telle, une telle…

Et moi, bien sûr.

— Avancez. Pourquoi n'êtes-vous pas allée communier?

Cette question. Cette abominable question que j'ai entendue toute ma vie d'enfant, à la maison, au pensionnat. Je ne savais pas pourquoi les autres s'étaient abstenues et je n'avais pas de curiosité à ce sujet. Moi, je n'y allais pas, parce que je n'aimais pas cela. Je n'étais pas née fervente et rien de ce que j'avais rencontré dans ma courte vie n'avait été de nature à me prouver que j'aurais dû l'être. La piété de ma mère me semblait bien mal récompensée. Celle de mon père, caricaturale.

Celle de la mère Saint-Chérubin, insensée. Aujourd'hui, vraiment, c'était le bouquet.

— J'ai avalé de l'eau en me brossant les dents, répondit la première.

Toutes les têtes se tournèrent vers la prochaine interrogée : la meilleure excuse venait d'être choisie. Voyons ce que celle-ci serait.

— J'avais mal au cœur.

— J'avais bu pendant la nuit, je ne sais pas à quelle heure.

Cela serait magnifique si j'avais assez de courage pour dire : « Parce que je n'en avais pas envie. » J'essayais de me persuader que c'était faisable. J'avais les mains moites et le sang me tintait aux oreilles.

— Et vous ?

Je ne répondis rien.

— Eh bien ?

Trop tard. J'étais incapable d'articuler un mot. Cet état, je le connaissais bien : quand je laissais passer la première question sans y répondre, tout de suite je me pétrifiais. On m'aurait tuée de coups que je n'aurais pas ouvert la bouche.

— Eh bien ?

Je n'avais plus le courage ni de dire la vérité ni de mentir. Juste celui de rester debout, hors du monde, un peu comme il arrive quand on commence à s'évanouir. Une seule pensée : cela ne peut pas durer toujours, il n'y a qu'à attendre.

L'heure du petit déjeuner arriva sans que j'aie parlé. Les petites filles, même celles qui avaient avalé de l'eau par inadvertance, me regardaient d'un drôle d'air. Elles pinçaient la bouche et c'est tout juste si elles ne refusèrent pas de me garder dans leurs rangs pour descendre au réfectoire. Je savais bien ce qu'elles pensaient, elles et la bonne sœur. J'avais fait un péché. Quel péché? Mais… notre péché! Au Québec, nous n'avons jamais eu qu'un seul péché.

Au reste cette inquisition, c'était seulement contre le péché d'impureté qu'elle était toujours menée. Il n'était pas besoin de nous le dire. Les fautes que l'on peut commettre contre la justice, ou le courage, ou la tolérance, nous n'en entendions jamais parler. Mais en constatant que cinq ou six d'entre nous n'allaient pas communier, la mère Saint-Chérubin s'était dit que celles-là faisaient des choses et qu'il fallait les plonger dans la honte jusqu'au cou. Qui veut la fin veut les moyens.

Je ne sais pas ce que les autres pensaient de ces moyens. — Il n'était pas d'usage que nous échangeassions nos opinions sur ce genre d'histoires. La méfiance régnait car nous étions toutes dressées à la délation. Quand on a affaire à des filles, cela est toujours facile à instaurer, la délation. — En ce qui me regarde, c'est peu de dire que ces moyens m'horrifiaient. Bien sûr, je les connaissais: mon père pratiquait allègrement ce genre d'interrogatoires. Mais j'avais pris l'habitude de considérer tout ce qui venait de lui comme anormal, comme n'existant pas, des trucs qui n'avaient rien à voir avec la vie réelle. Cela me semblait diablement réel, tout à coup.

Je n'étais pas pieuse, mais j'étais encore croyante. Ce qu'on m'avait enseigné, la présence de Dieu dans l'hostie, j'y croyais. Si je n'aimais pas communier, c'était justement parce que j'y croyais et que non seulement communier ne me transportait pas de ferveur, mais que cela m'ennuyait beaucoup. Cette promenade aller-retour sous l'œil critique de la surveillante, le goût de l'hostie, l'horreur de sentir se poser sur ma lèvre inférieure — et parfois s'appuyer lourdement quand le prêtre était vieux — un doigt mouillé du mélange des salives des quatre ou cinq petites filles qui m'avaient précédée à la distribution, tout cela me glaçait et je n'arrivais jamais à l'oublier, fût-ce une minute. Il me semblait donc bien préférable de m'abstenir puisque les transes pieuses n'étaient pas pour moi.

Assise devant le nauséabond café au lait — c'était disait-on, une décoction faite au moyen de croûtes de pain grillées — la gorge nouée, je réfléchissais. Si la présence réelle était vraie, comment cette épouse du Christ pouvait-elle nous pousser à recevoir son Dieu dans un cœur qui n'y était pas préparé? Ou bien la communion n'était qu'une occasion de chantage et de surveillance, ou bien la mère Saint-Chérubin était un démon. Je la regardais trôner au bout de la table. Elle avait l'air bien godiche pour un démon.

Le lendemain matin, toutes les petites filles, moi comprise, allèrent communier.

Au bout de la semaine, nous allions à confesse. J'avais décidé d'avertir l'abbé de ce qui se passait. Je préparai soigneusement mes aveux.

— Je m'accuse d'avoir communié sans préparation suffisante, dis-je à l'abbé qui releva la tête brusquement.

— Comment cela?

— Je ne me sentais pas bien préparée, mais la religieuse, après la messe, nous demande devant tout le monde pourquoi on n'est pas allé communier. Alors on est obligé d'y aller.

C'était un peu confus, mais l'essentiel était dit. L'abbé garda un long silence. Il semblait ennuyé et il soupira bruyamment. À la fin, il choisit de me parler de la question préparation et négligea la question obligation.

— Que voulez-vous dire par «pas assez bien préparée»?

— Je veux dire que je ne me sentais pas assez pieuse.

J'attrapai un autre regard étonné et fus renvoyée «en paix». J'étais sûre que quelque chose se produirait. Je laissai passer deux ou trois jours puis, un matin, je restai dans mon banc au moment de la communion. Le cœur me cognait. Nous sortîmes de la chapelle et montâmes à la division. Le cœur me cognait de plus en plus fort. Il n'y eut pas d'interrogatoire.

À la lecture des notes, le dimanche suivant, la mère Saint-Chérubin nous tint un long discours sur le scrupule. Elle était contre, bien entendu, mais elle n'en parlait pas sans une certaine gourmandise.

Elle s'abstint, désormais, de faire inquisition. On lui avait secoué les puces. Mais dès que je changeai de pensionnat, cela recommença. Seulement, j'avais perdu tout intérêt. Le métier de redresseur de torts ne me séduisait plus. J'avais, moi aussi, avalé de l'eau en me brossant les dents. Maintenant que le jeûne eucharistique n'existe pour ainsi dire plus, je me demande ce que répondent les petites filles aux bonnes sœurs, ce que répondent les enfants aux parents, ce que répondent à leurs femmes jalouses les maris soupçonnés d'adultère, car je sais que ce genre de surveillance sévit dans certains ménages.

À partir du moment où le pensionnat m'imposa la vie commune avec des fillettes dont j'avais toutes raisons de croire qu'elles étaient issues de pères normaux, qu'elles menaient d'agréables vies de famille et qu'elles profitaient bien de tous ces privilèges — et quoique je connusse le goût du bonheur, celui des petits soins et du bien-être — à compter de ce moment, dis-je, je me mis à nourrir une sorte de complexe de dénûment. Comme la plupart des enfants, je luttai contre ce malheur par l'invention, la mythomanie, et comme les mensonges ne coûtent rien j'arrivais très vite à ne plus discerner entre l'incroyable et le vraisemblable. Je me faisais presque toujours pincer car les autres, les heureuses, connaissaient ce que je ne connaissais pas : les frontières du possible.

Je me souviens d'une rédaction française qui, cette année-là, me fut source d'ennuis et d'humiliations : «Racontez vos vacances, en particulier la journée du premier de l'an, et décrivez les étrennes que vous avez reçues.» Comme d'habitude — sauf à l'occasion des merveilleuses fêtes de fin d'année que j'ai racontées où j'avais reçu des jouets magnifiques — mes étrennes avaient été de l'espèce «bas-souliers-culottes», mes vacances de l'espèce claustrale et la journée du premier de l'an d'une espèce inconnue à tous ceux qui ne sont pas les enfants de mon père. Je n'allais pas raconter ça.

Les bonnes sœurs croyaient-elles que nous jouissions toutes d'un bonheur identique? Que nous avions toutes vécu des vacances dont on pouvait extraire la matière d'une aimable rédaction? Étaient-elles à ce point éloignées des réalités de l'existence? Je le crois. Et pourtant, elles auraient dû savoir ce qu'est le malheur puisque, à l'occasion, elles le dispensaient si facilement. Après tant d'années, je me souviens nettement de l'espèce de cafard qui me tint aussi longtemps que ma rédaction ne fut pas écrite. Je ressens le même, aujourd'hui, quand j'accepte de faire un travail qui me déplaît.

Les petites religieuses qui se consument pieusement dans les monastères sont, fort souvent, de remarquables sadiques. Notre maîtresse de français décida de lire nos rédactions à haute voix. Cela ne se faisait jamais, mais elle ne put résister, je pense, à nous faire toucher du doigt les différences qui, connues, pouvaient nous opposer les unes aux autres. Tous les travaux furent lus. Nous étions entre quinze et vingt élèves. Nous eûmes droit à l'interminable nomenclature des poupées, des berceaux et des landaus d'icelles, des damiers, parchésis, ballons, nécessaires de couture (toujours en or, ou du moins en argent, les nécessaires de couture), puis à celle des réceptions diverses avec descriptions de toutes les robes, de tous les menus — avec champagne parfois — des sorties, les sportives comme les mondaines, et tout, et tout, et tout.

«J'ai eu beaucoup de beaux cadeaux, lut la mère quand elle en fut à mon travail, dont le plus beau est une montre en or pur qu'il ne faut pas porter au soleil car elle fondrait.» Toute la classe se roulait. Sauf moi. Cela se continuait par le tableau vivement tracé des fêtes que nous avions données. «Maman portait une robe de satin qui vient de France et ma sœur Dine (elle n'avait que cinq ans de plus que moi, c'est-à-dire douze ans, mais je la trouvais bien assez vieille pour porter des robes de dame si mon père avait été assez généreux pour lui en offrir) une robe de soirée de velours noir.» Et cela continuait. Velours, satin, dentelles, or pur, diamants et perles, je pouvais y aller sans scrupules, personne ne paierait la facture. Sauf moi. Car les fillettes se mouraient de rire et la mère pleurait de joyeuses larmes qui lui baignaient les joues et venaient détremper l'empois de sa guimpe.

En ce qui touchait l'immatériel : le bonheur familial, les sentiments filiaux, c'était pareil. Il fallait inventer. Mais en ce domaine, mes véritables difficultés ne viendront que plus tard. À sept ans, le bonheur est matériel. À tout le moins pour ce qu'on en raconte.

Par chance, ces disgrâces ne semblaient pas provoquer d'inhibitions néfastes à mes études. Je travaillais bien, parce que j'aimais cela et aussi parce que j'aimais par-dessus tout faire part de mes succès à grand-maman et à grand-papa. « Je suis première et je vous embrasse tous les deux. » C'était une lettre d'amour. Avec ferveur, je la glissais dans mon colis de linge sale.

Le cours de français conservait mes préférences mais, pour avoir souvent entendu grand-maman parler l'anglais tout à fait couramment, je me sentais saisie d'émulation et je voulais arriver à en faire autant. Je me scandalise, maintenant, que les heures consacrées à l'étude de cette langue fussent si nombreuses, presque aussi nombreuses que les heures de français. De plus, nous avions deux journées anglaises par semaine : prières et bavardages dans l'idiome de D.H. Lawrence.

— Allons! allons! parlez anglais, nous rappelait la mère Saint-Chérubin en passant d'un groupe à l'autre.

Seules Ruth et Loretta, qui étaient new-yorkaises, pouvaient le faire vraiment. Pour les autres, leur jeune science se bornait à d'inutiles exercices de vocabulaire : « The cat is black. I drink water. We are three sisters », dont nous n'avions que faire et à des règles de grammaire pour lesquelles nous n'avions pas encore d'emploi.

Cette mode dura peu. Prières et conversations anglaises furent délaissées dès l'année suivante. La supérieure colonialiste avait été remplacée, probablement, par une supérieure nationaliste. Seules les heures de cours demeurèrent inchangées. C'était bien suffisant. Ce l'était même au point qu'on supposa tout de suite, lorsque j'arrivai dans un autre pensionnat quelques années plus tard, que ma mère ou ma grand-mère étaient anglaises, tant ma façon de lire l'anglais à haute voix sentait le porridge. Cette supposition m'horrifia. Personne n'avait jamais cru, dans ma famille, qu'il fallait faire à l'ambition le sacrifice du mariage anglais qui, en somme, est bien loin d'être nécessaire à la réussite matérielle, mais reste infaillible, si c'est la morosité que l'on recherche.

Autour de cette fin d'année scolaire, je ne vois bien que ces souvenirs britanniques. À la lecture des résultats d'examens, j'appris avec fierté que j'étais la seule « à passer » en anglais. Toutes les autres restaient en cinquième. C'est dire si j'y avais mis de l'ardeur. Quand, à la rentrée, je me présentai au premier cours, j'étais si petite à côté des autres que tout le monde éclata de rire. J'en fus, et j'en restai, glacée au point qu'il fallut me ramener en cinquième (en ce couvent-là, les plus petites étaient en septième et la logique je ne sais où). Ma carrière de prodige dans le plum-pudding était terminée, je rentrai dans le rang et n'en sortis plus jamais.

C'était ma troisième rentrée si j'excepte le mois que j'avais passé au pensionnat pour y faire ma première communion. Cette année-là, j'allais pénétrer, la première fois de ma vie, dans le monde insoupçonné des affections extra-familiales. J'allais apprendre que, tant au pensionnat qu'à la maison, aimer n'était pas simple.

En changeant de classe, j'échangeais toutes mes vieilles institutrices pour des nouvelles, mais je conservais mes deux surveillantes de division. Le français me serait dispensé par une jeune religieuse mince et jolie, la mère Marie-du-Bon-Conseil. C'est d'elle qu'il s'agit.

J'étais la plus jeune de sa classe et cela se manifestait à l'heure de la dictée. J'écrivais trop lentement. Je commençais par être en retard d'un mot ou deux, puis d'une phrase tout entière, et bientôt je ne savais plus où j'en étais et je m'arrêtais en pleurnichant. La mère du Bon-Conseil, qui voyait bien l'intérêt que je portais à son cours, décida qu'à l'avenir je m'asseoirais auprès d'elle et que j'y resterais tant que je n'aurais pas appris à écrire plus rapidement. Avec mes cahiers, mes crayons, je m'installai à la même table qu'elle sur un des petits côtés. Elle me couvait, elle corrigeait mon maintien, elle m'enseignait à me défaire de cette habitude que j'avais de me contracter et qui finissait par agglutiner mes doigts, mon crayon, mon cahier à mon nez, mes yeux, mes cheveux, dans un espace étroit d'où il ne sortait plus rien de bon, sorte de nœud dans lequel je me ligotais.

Entre elle et moi, s'installa tout de suite une affection qui m'apportera bonheur et peine. C'était la première fois que je rencontrais, dans cette institution, un sentiment humain, la présence du cœur. J'en fus émerveillée. Une chaude ferveur me poussait au travail, puisque c'était tout ce que j'avais à offrir.

Mes progrès furent rapides tant en écriture qu'en grammaire. Il n'empêche que je gardai ma place auprès d'elle toute l'année. Quand je commençai à me classer première, mes compagnes la trouvèrent mauvaise. Les deux surveillantes de la division qui avaient leurs chouchoutes dans cette classe de français, s'émurent. Chacune de mes bonnes notes m'attirait des allusions empoisonnées. Il n'y avait donc pas moyen d'être tranquille ? Cependant, dans les autres classes, anglais, histoire, géographie et même arithmétique, j'arrivais quelquefois première aussi car, d'une part, j'aimais l'étude et, d'autre part, j'étais vaniteuse et j'éprouvais un plaisir infini à écouter les «excellents» se succéder quand la mère Supérieure lisait mon bulletin. Mais seules les bonnes notes que me décernait la mère du Bon-Conseil m'attiraient des ennuis. J'aurais bien voulu oser le faire remarquer à la mère Saint-Chérubin mais, si j'en eusse eu l'audace, je savais que je n'aurais même pas le temps de terminer ma phrase. Un prompt soufflet m'eût interrompue avant que je ne prouve mes avancés. J'ai gardé un souvenir pénible de tout cet illogisme.

— Ne raisonnez pas !

Raisonner n'avait, chez les bonnes sœurs, que ce sens péjoratif et rien d'autre. Je ne les ai jamais entendues employer ce mot dans son beau sens originel. Souvent, la nuit, cela me gardait éveillée de longues heures où je tenais avec les sœurs des conversations imaginaires, des conversations où j'avais tout le loisir de m'expliquer sensément et où je finissais, bien entendu, par les réduire au silence et à la confusion.

Quelques mois passèrent tant bien que mal. Toute prise par mon sentiment pour la mère du Bon-Conseil, j'endurais les autres religieuses sans trop me plaindre. L'amour me tenait lieu de tout.

La lecture des bulletins avait lieu tous les premiers dimanches du mois. Quelques jours auparavant, la première maîtresse de division faisait circuler, parmi les sœurs institutrices, une sorte de tablette de bois où elle avait collé une feuille quadrillée. Au bout du nom de chaque élève, une vingtaine de carreaux attendaient les notes de français, d'anglais, d'arithmétique, etc. Chaque sœur remplissait sa colonne. Elle pouvait, du même coup, lire les notes déjà inscrites par ses collègues ainsi que les notes de bonne conduite, de politesse, de piété, données, celles-là, par la maîtresse de division.

Un matin, la mère du Bon-Conseil m'accueillit avec un visage sévère.

— Je vois avec peine que, si vous avez de bonnes notes pour vos matières, vous n'en avez pas d'aussi bonnes pour votre conduite, me dit-elle à haute voix. Ne vous étonnez pas si je n'assiste pas à la lecture des bulletins.

— Quelles notes ai-je?

— Mal.

Suffoquée — c'était une note rarement donnée et qu'on ne méritait pas, si je puis ainsi dire, facilement — je pris ma place sans souffler mot.

J'ai souvent réfléchi à ce qui se passa ensuite, non que cela ait de l'importance, mais le seul motif par quoi je puisse l'expliquer me stupéfie : je pense que la mère Saint-Chérubin avait escompté du plaisir à m'asséner cette note par surprise, devant tout le monde, et qu'elle ne put se résigner à la privation de ce plaisir. Quand mes compagnes lui rapportèrent ce qui s'était passé, elle entra dans une étonnante fureur.

— C'est faux, criait-elle comme une hystérique. Vos notes de conduite ne sont pas encore inscrites.

Bon. Elle continua de crier encore quelques minutes

et nous nous assîmes pour l'étude. Puis, à la fin de l'heure, elle m'appela.

— Regardez. Vous pouvez juger vous-même.

N'était-ce pas bizarre de m'apporter cette preuve au bout d'une heure? Je me penchai. Si je suis myope — ou plutôt parce que je suis myope — j'y vois terriblement bien de près. Aussi bien qu'avec une loupe. Le mot «mal» avait été gommé mais le crayon avait creusé le papier et je la voyais, cette note consternante, comme le nez dans le visage. En sus — la mère Saint-Chérubin étant paresseuse en plus du reste —, j'étais la seule dont les carreaux conduite-politesse-piété fussent vides. Enfin, presque vides.

Je dus lever sur la bonne sœur un regard chargé de pensées qui ne lui plurent pas, car elle se mit, à l'instant, à me souffleter avec une frénésie que je n'avais pas encore rencontrée hors du foyer paternel. Elle ne s'arrêta que lorsque je me mis à saigner du nez.

C'était une occurrence qui ne troublait guère l'auteur de mes misérables jours et qui ne l'empêchait jamais d'aller jusqu'au bout de son plaisir. Si bien que, le sang suivant docilement la trajectoire imposée par les coups qui nous faisaient aller la tête d'un côté, puis de l'autre, la pièce où se passait la chose ressemblait rapidement «aux lieux du crime». Tout devait être nettoyé: le bourreau, la victime, les murs. Celui qui s'en chargeait se trouvait en situation précaire. Le moindre mouvement des traits pouvait être interprété comme un blâme et il arrivait souvent que tout recommençât avec une deuxième victime. Il fallait aussi essuyer le parquet, car il arrive, en ces sortes de choses, que la vessie se relâche. Si je prodigue ici les détails, c'est que peu nous était alors épargné.

À la vue du sang, la mère Saint-Chérubin, elle, n'avait pu se retenir de flancher. J'apprenais qu'il y a des degrés en tout.

Pendant la récréation qui suivit, personne ne m'adressa la parole. À celle du soir non plus. Le lendemain, après la classe de français, je m'attardai afin de parler avec la mère du Bon-Conseil. Je commençai de lui raconter ce qui s'était passé.

— Je vous jure, dit-elle, que la note «mal» était écrite.

— Je sais. Je l'ai vue.

Et je terminai mon histoire. Quand j'eus tout dit, nous nous regardâmes bien dans les yeux, longtemps. Tout ce que nous pensions de la mère Saint-Chérubin et que nous ne pouvions pas dire, parce qu'une religieuse ne dit ni n'entend de telles choses, passa dans ce regard.

— Je ne vous demanderai pas de ne pas la juger. Il y a des pardons qui sont difficiles. Essayez d'oublier.

Oublier, ne pas haïr, ne pas mépriser. N'était-il pas bien insolite que l'on ait sans cesse à me le recommander? Maman, grand-maman et celle-ci maintenant, tout le monde trouvait donc que les raisons de haïr ne me manquaient pas? Je courus à la division où j'arrivai en retard. Pour ma punition, je fus privée de récréation. Cela ne changeait pas grand-chose à ce qu'étaient mes heures de récréation depuis l'événement.

Vint le jour de la lecture des bulletins. Je n'avais pas dormi pendant la nuit du samedi au dimanche et, tout le temps de la grand-messe, je me sentis sur le bord de l'évanouissement, car je n'avais pu déjeuner non plus. Je n'arrivais pas à respirer, l'eau me coulait dans les mains, les muscles de mes jambes tressaillaient sans que je puisse arrêter cela. Je ne savais plus si le temps passait trop vite ou trop lentement. Quand l'aumônier commença son sermon, je ne pus rien entendre. Ce qu'il disait m'arrivait transformé en sortes d'aboiements, tant les oreilles me tintaient. Tout a une fin. La messe terminée, nous remontâmes à la division.

Même pour étayer son mensonge, la mère Saint-Chérubin n'avait pas eu le courage de renoncer à me donner cette mauvaise note. La mère du Bon-Conseil n'avait pas la même obstination. Elle était là et elle me regarda avec une ombre de sourire sur les lèvres lorsque, dans le silence effaré, la mère Supérieure lut, avec de longues pauses : « Conduite, mal ; politesse, mal ; piété, mal ». Puis, la mère Supérieure passa au reste. « Français, excellent ; anglais, excellent ; histoire, très bien ».

Et cela continuait jusqu'au bas de la damnée petite feuille qui se mit, quand on me l'eut donnée, à trembler entre mes doigts d'une façon tout à fait ridicule.

— Drôle de bulletin, dit la mère Supérieure. Que se passe-t-il ?

Que pouvais-je répondre ?

— Je ne sais pas, murmurai-je comme une idiote.

— Elle a mauvais esprit, expliqua la mère Saint-Chérubin.

Sur cet éclaircissement, je fis une révérence qui, dans mon trouble, faillit me précipiter tête première sur le parquet ciré et je regagnai ma place, la dernière.

À l'arrivée et au départ des religieuses qui venaient assister à la cérémonie, nous chantions un cantique et c'était moi qui étais chargée de l'entonner. Secouée par tout ce qui venait de se passer, je l'attaquai si aigu que nous dûmes l'abandonner en cours de route. Du coup, je perdis cette charge qu'on avait oublié de m'enlever.

Mauvais esprit. Cette accusation, je l'ai traînée tout au long de mes études. J'ai vécu, il faut dire, toutes ces années dans un état d'exaspération constante. Je ne me souviens pas de délits bien précis engendrés par cette exaspération. C'était plutôt une attitude qui déplaisait et qui m'attirait la haine. Les bonnes sœurs changeaient, mais la haine demeurait. Je la retrouvais, fidèle comme un bon chien, tous les septembres. Si j'avais été très laide, ou infirme, ou de parents pauvres — les fillettes de l'une ou l'autre de ces catégories étaient traitées comme des paillassons — l'explication eût été facile. C'était autre chose. Une précoce odeur de soufre, peut-être.

Le lendemain de cette mémorable lecture des bulletins, la mère Saint-Chérubin me fit copier, à l'usage de mon père, une lettre qu'elle avait composée et où j'avouais tous les péchés d'Israël. Cela se présentait presque comme des vantardises : «Je suis la plus méchante de la division et personne ne peut venir à bout de moi.» La sœur glissa mon bulletin avec la lettre et attendit joyeusement la catastrophe.

Il n'était pas d'usage que nos bulletins fussent envoyés aux parents. Ceux-ci, à l'époque où j'étais pensionnaire, n'avaient qu'à se taire, tout comme nous, les enfants. Ils n'étaient pas consultés. Ce premier envoi prit mon père au dépourvu. Il vit bien les «mal» mais il vit surtout les «excellent» et il répondit par trois lignes indifférentes. Ce qui me valut, pour longtemps, des «quand les parents ne comprennent pas leur devoir».

Un dimanche matin, au moment du sermon, l'aumônier nous dit qu'il avait un long mandement à nous lire et, d'un geste auguste, il déroula un papier craquetant.

C'était le mandement, les gens de mon âge ne l'ont pas oublié, qui défendait la danse dans le diocèse de Québec. Quel coup de tonnerre dans la chapelle! Les grandes se regardaient avec des mines atterrées et même les bambines étaient stupéfaites. Il faut bien comprendre que nous étions, en général, les rejetonnes de tout ce que la ville de Québec comptait de «mondain», comme disaient les sœurs, et que les histoires de réceptions, bals, robes du soir, etc. nous fournissaient le plus clair de nos parlotes.

— Dorénavant, et sous peine de péché mortel, la valse, le tango, le fox-trot, le one-step, le two-step, le shimmy ...

La liste me parut interminable. L'aumônier donnait un peu à rire avec tous ces vocables, anglais pour la plupart, dont il avait la bouche pleine. On sentait que de véritables experts — et le vertige vous prenait rien qu'à penser où ils avaient été trouvés — avaient fait le compte de tout ce qui portait un nom dans le domaine du trémoussement en musique. Pas question d'oublier une manière de polka ou de bourrée que de mauvais esprits auraient tout de suite découverte et pratiquée.

L'émoi suscité par ce décret rendit le moment du parloir, l'après-midi de ce dimanche, bruissant de chuchotis. Quelle histoire! non mais, quelle histoire!

— Peuh! maman a dit que nous irions danser à Montréal, dit Bérangère d'un ton infiniment méprisant.

Et c'est en effet ce que les gens firent pendant quelque temps. Puis, comme le Château Frontenac — hôtel qui appartient à la *Canadian Pacific* et qui s'était adjugé, de ce fait, une sorte d'extra-territorialité — gardait sa salle de bal ouverte «pour les touristes», les Québécois s'y faufilèrent peu à peu et, moins de cinq ans après l'ukase, presque personne n'en tint plus compte, ce qui peut sembler, à première vue, surprenant de la part d'une population aussi docile que la nôtre. Toutefois il m'apparaît, à la réflexion, que la danse est un si bon exutoire pour les gens de notre espèce qu'il eût été impossible de nous l'interdire longtemps. Il reste que, sauf erreur, cette ordonnance ne fut jamais rapportée. Je le signale, en passant, aux populations québécoises.

Un matin de cette année, en décembre, j'appris que maman était gravement malade. La religieuse m'appela et me dit: «Votre mère est malade et votre sœur aînée est partie.» Aussi sec. Elle tenait un papier qu'elle me donna sans autres explications. C'était une lettre de maman où elle disait qu'elle devait quitter la maison pour aller se soigner chez grand-maman et où elle demandait à Dine de venir prendre soin des trois petits.

Je lisais et relisais cette lettre d'une écriture tremblée et je ne parvenais pas à y croire. Je me souviens de l'effort pénible que je dus faire pour tout comprendre. Maman malade, Dine partie, c'était vraiment trop à la fois. J'allai frapper à la porte de la division des moyennes et demandai Françoise qui arriva en pleurant. Elle aussi avait lu la lettre de maman. Nous nous blottîmes dans les bras l'une de l'autre en nous disant mutuellement: «Ne pleure pas, ne pleure pas.» Jusqu'à ce que la mère Saint-Chérubin survienne et nous désenlace. Les enlacements n'étaient pas permis par le règlement.

La nuit qui vint, je ne dormis guère. Il fallait que maman fût bien malade pour imposer un sort aussi pénible à sa fille aînée dont elle était si fière. C'était, en effet, le début d'une maladie qui durera un peu moins de cinq ans et dont l'issue sera fatale. Maman avait contracté une pleurésie que son organisme, affaibli par les maternités, par l'état de désillusion constant où elle vivait, ne put pas surmonter. La pleurésie sembla d'abord guérir, mais presque tout de suite la tuberculose s'établit. Heureusement, je n'en savais pas tant.

Quant à Dine, je ne pouvais penser qu'avec terreur à ce qui l'attendait. Je l'imaginais seule avec mon père et les trois petits (ils avaient entre un et cinq ans) dans cette immense maison glaciale et je me disais qu'à sa place, j'aurais aimé autant mourir.

Raconter ce que seront, pour Dine, les six mois à venir n'est pas facile. Cela semble tenir du mauvais roman. Si peu que j'en dise, j'aurai toujours l'air d'en remettre. Et je ne sais peut-être pas tout.

Elle avait quatorze ans. L'étude lui était merveilleusement facile, aussi était-elle fort avancée pour son âge. Tant pis. Il n'était plus question d'étude, c'était le rôle de la bête de somme qui l'attendait — l'expression semble forte, pourtant accomplir un travail que l'on n'a pas choisi, qui est au-dessus de ses forces, pour lequel on ne reçoit ni rétribution, ni gratitude, cela ne se formule pas autrement —. Elle arriva chez mon père juste à temps pour prendre soin d'une maisonnée où sévissait la coqueluche.

Nous avions, depuis plus de cinq ans, une vieille bonne, Adèle, sur qui maman comptait pour épargner à Dine les travaux les plus durs. Mais Adèle partit presque tout de suite: mon père, profitant de ce que maman n'était pas là pour lui rappeler qu'il est convenable de payer les bonnes, s'était empressé d'oublier ces futilités. Surtout, et tel que je le connaissais, il avait dû se dire que la bonne n'était pas indispensable. Un matin, elle décida que c'en était assez.

— Moi, je ne suis pas obligée de rester dans cet enfer, avait-elle dit en claquant la porte.

Il y a des moments où ça doit être merveilleux d'être domestique et de pouvoir claquer les portes.

Pourtant, elle nous aimait bien, Adèle. Elle vivait chez nous depuis la naissance de mon frère cadet pour qui elle nourrissait une passion farouche. Son plus vif plaisir était de le prendre avec elle, ses jours de sortie, et de l'emmener chez le photographe. Elle eut bientôt des douzaines de photos qu'elle étalait, souvent, sur la grande table de la cuisine et qu'elle considérait amoureusement, perdue dans une sorte d'extase.

Adèle était une grande bringue, disgraciée, hommasse, assez sourde pour n'avoir pu apprendre à parler que de façon informe, mais elle était d'une force peu commune qu'elle devait, je pense, à son ascendance semi-algonquine. La mère, pure Indienne celle-là, venait parfois visiter sa fille. Les premières années, je ne comprenais pas bien qui était cette grande femme qui avait tout à fait l'air d'être la fille de sa fille avec ses cheveux aile de corbeau, alors qu'Adèle était toute grise. Je la regardais de fort loin. Toujours silencieuse, elle s'asseyait dans un coin de la cuisine, les yeux baissés, le visage immobile. Au bout de quelques jours, elle partait comme elle était venue, sans avoir ouvert la bouche.

Adèle détestait mon père — je le lui ai entendu dire bien souvent à maman qui répondait «chut, chut» — et je me souviens qu'un jour, ils faillirent en venir aux mains à mon propos. Elle savonnait des chaussettes et, comme je l'ennuyais de quelque façon, elle m'en lança une par la tête. Mon père sentit sa fibre paternelle qui se rebiffait. Ah! il n'allait pas permettre que l'on traitât ainsi la chair de sa chair. Il saisit Adèle par le bras et l'entraîna à l'extérieur où il se mit à l'injurier et à la menacer de représailles. Puis, perdant tout sens de la réalité, il finit par lui dire:

— Vous n'avez pas honte de traiter ainsi un enfant sans défense?

— Vous les battez, vous. Y sont sans défense aussi quand vous les battez.

Mon père en resta tout ébaubi. Il lança quelques cris additionnels et rentra, l'air assez quinaud. Les fenêtres étaient grandes ouvertes et nous n'avions pas perdu un mot de ce dialogue, il le savait. Bien des années plus tard — mon père a toujours eu l'air de croire, ou d'espérer, qu'aucun de nous n'avait pour un petit sou de mémoire — il nous racontait l'histoire à sa façon chaque fois qu'il était question d'Adèle.

— Ne s'était-elle pas aventuré à frapper un de mes enfants? Je ne sais plus trop lequel...

— C'était moi, disais-je. Je n'ai rien oublié.

— Ah oui? Hum... Je n'ai jamais souffert que les bonnes frappent mes enfants.

Cela se comprenait. Quand une chose vous donne tellement de plaisir, on aime bien en garder le monopole. Au reste, les autres s'y prenaient si mal, ils y manifestaient tant de faiblesse et si peu d'obstination que c'était pitié à voir.

Une fois maman partie, Adèle sentit bien dans son âme algonquine que mon père allait profiter de la situation pour se conduire en véritable Iroquois. Elle fit sa valise, attrapa, pour se faire conduire à la ville, un homme qui passait en traîneau sur la piste de neige durcie (assez ironiquement, cette piste nous donnait, l'hiver, la route que nous n'avions pas l'été) claqua la porte comme je l'ai dit et retourna à Saint-Pamphile, son village. Je ne crois pas qu'elle l'ait fait de gaieté de cœur. Elle savait bien que maman avait compté sur sa force et sur son dévouement pour faciliter la tâche de Dine. Et puis, n'y avait-il pas toujours eu, entre elle et nous, une sorte de pacte : elle était rustre et guère susceptible d'apprendre l'usage mais, d'autre part, notre vie était si lugubre, le climat de notre maison tellement irrespirable que nous n'aurions pu la remplacer facilement. Elle souffrait nos défauts, nous acceptions les siens. Mais il est trop difficile de rester en enfer, ainsi qu'elle l'avait dit, quand on sait que l'on peut s'en évader.

Donc, il y avait la coqueluche. C'est peut-être le moment de dire que les trois derniers-nés profitèrent, en leur petite enfance, de traitements de faveur que nous, les quatre aimés, n'avons jamais connus. Nous les appelions, en secret, ceux du deuxième lit. L'explication de cette préférence n'allait pas chercher bien loin : comme mon père, ils étaient blonds aux yeux bleus. On pouvait croire qu'ils lui ressembleraient, promesse qui fut, dans l'ensemble, assez mal tenue. C'est pourquoi les chouchous passèrent dans l'autre clan au fur et à mesure qu'ils grandirent. Pour le plus vieux des trois, cela se fit assez vite car c'était un garçon et, quelle qu'en soit la couleur, mon père n'aimait pas que maman ait des garçons. Non pas qu'il préférât les filles — il avait, bien entendu, pour l'espèce femelle un mépris musulman — mais il voyait dans cette condition, assez intime quoi! entre sa femme et un autre mâle, quelque chose de malsain et il portait sans cesse à maman des accusations assez troubles à ce sujet. En fin de compte, seule ma sœur Thérèse conserva quelques traits d'origine paternelle — le nez, la bouche — ce dont nous ne lui avons pas gardé rancune et qui lui valut l'appréciable avantage d'être, de loin, la moins martyrisée de la famille. Quant à Marguerite, avec l'adolescence, elle se mit à ressembler merveilleusement à maman, en blond. Son sort s'en trouva bouleversé.

Dine fut mise au service des coquelucharde. Elle passa, dès son arrivée, ses jours et ses nuits à courir de l'un à l'autre. Dans une ronde infernale qui ne semblait pas pouvoir finir, les quintes se succédaient entraînant des vomissements qu'il fallait essuyer, des saignements de nez qu'il fallait étancher. Un médecin aurait probablement ordonné quelque calmant, mais mon père, qui n'avait pas confiance en la Faculté — mais ses préventions tombaient quand c'était lui le malade —, nous a toujours soignés lui-même. Il avait deux grands chevaux de bataille doués selon lui d'un pouvoir infini : la diète et les bains chauds. Deux ou trois fois par jour, Dine devait plonger tout ce petit monde dans l'eau brûlante ce qui faisait de six à neuf bains d'une grosse demi-heure chacun, le temps que la coqueluche chauffe. Puis, pour que l'enfant ne se refroidisse pas dans les corridors glacés, elle le roulait dans une couverture et le portait dans son lit. Mais les lits étaient glacés, eux aussi, et la coqueluche refroidissait, le petit se mettait à tousser, à vomir, à saigner du nez. Lavage, essuyage, étanchage. Au second. Au troisième. Et cela recommençait. Et re-recommençait.

Le soir, quand mon père revenait, autre ronde infernale : la maison n'était pas bien tenue, le dîner n'était pas prêt, les enfants avaient été mal soignés, puisqu'ils n'étaient pas mieux que la veille. La dernière bouchée prise, Dine était renvoyée à l'opération-étuve. Au milieu de quoi il arrivait parfois que mon père fît irruption dans la salle de bains en criant que cela ne pouvait pas durer, que la vaisselle du dîner n'était pas faite, que la cuisine n'était pas rangée et qu'il fallait que cela changeât. Le tout accompagné d'une série de taloches.

Après semblable journée, quel pouvait être l'état d'esprit d'une fille de quatorze ans qui regagnait sa chambre où le froid l'empêcherait de dormir? On aime autant n'y pas penser.

Il n'était pas étonnant que la maison fût si froide. Chauffer, cela coûte cher. Pour y arriver aux moindres frais, mon père avait eu une idée de génie: il avait acquis (à prix d'or, peut-être, mais c'était bien le genre d'économies qu'il aimait faire) un bout de forêt où Pit, le fermier, allait couper du bois qu'il rapportait incessamment et qu'il fallait employer tel quel, tout dégoulinant de sève ou recouvert d'une épaisse couche de glace suivant les saisons. Ce… combustible était destiné tant à la cuisine qu'au chauffage central. Quand, d'aventure, on parvenait à l'allumer, il n'y avait guère de quoi se réjouir. On savait que, le moment venu d'ajouter une autre pièce de bois, la glace dont elle était recouverte éteindrait, en fondant, le feu acquis. Bien des pauvres n'ont jamais connu semblable détresse. Mais nous étions fort loin d'être pauvres. Nous ne nous en doutions guère.

Le printemps trouva les coquelucharcs et leur infirmière squelettiques. La diète, pour les uns, et l'opération-étuve, pour tous, avaient eu plein effet. Il fallait ouvrir l'œil pour les voir passer. Dine put venir nous visiter au parloir. Je n'ai jamais revu de mains dans cet état: fendillées, saigneuses, gonflées et d'un beau rouge homard, on aurait dit que des nazis avant la lettre étaient passés par là avec leurs tenailles et leurs mégots.

Et elle était gaie.

Bien plus tard, quand je fus en âge de recevoir ses confidences, elle m'avoua qu'elle s'était fait un honneur de cacher à tous, pour que maman ne l'apprenne pas, la vie menée pendant ces six mois. Chapeau!

Le tableau ne serait pas complet si j'omettais ceci: mon père qui, en décembre, avait promis une petite fourrure à sa fille «si elle se conduisait bien», déclara tout net, le printemps venu et venu le moment de délier la bourse, qu'elle n'avait rien mérité du tout.

Du reste, au contraire de ce qui se passe dans la plupart des familles, la fourrure, chez nous, était parure masculine. Que dis-je? masculine ... J'oublie que j'avais des frères. Paternelle, parure paternelle. Mon père seul possédait un manteau de fourrure. Une somptueuse chose, en castor, dans lequel il y aurait eu assez pour habiller deux femmes. Il l'avait acheté en 1917 et il le porta presque tout le reste de sa vie. Chaque année, en le ressortant, il retrouvait des rancœurs aussi durables que leur objet.

— J'ai été blâmé quand j'ai acheté ce manteau. N'empêche que je le porte depuis vingt-cinq ans, et je ne l'avais payé que... (Nous n'avons jamais su combien il l'avait payé car ce chiffre diminuait d'année en année et se trouva, à la fin, réduit à presque rien.)

Personne d'entre nous ne possédait de ces choses de qualité suffisante pour durer vingt-cinq ans et plus. Nous ne connaissions que l'habileté à faire durer trois ans ce qui n'était bon que pour six mois. Je suppose que maman, qui devait toujours compter sur sa mère pour ne pas être nue, avait laissé échapper un petit mot en ce sens.

Mon père, jusqu'à cette année, s'était abstenu presque complètement de venir au parloir. Nous n'en souffrions pas outre mesure. Les visites hebdomadaires qu'il fit à maman pendant cette pleurésie allaient changer tout cela. Je ne puis m'empêcher de croire qu'il avait trouvé là une bonne excuse pour ne pas rester, au chevet de sa femme, plus que les vingt minutes réglementaires d'une visite de cérémonie.

De la grande fenêtre de leur salle de récréation, les élèves de la troisième division voyaient arriver les parents. Dans les autres divisions, nous n'avions pas cet avantage. Jusqu'alors, comme les autres, j'avais toujours été heureuse de m'entendre appeler par la petite fille qui répondait au porte-voix. Ce dimanche-là, je partis en courant. Françoise, qui était en troisième division et bénéficiait de la fenêtre, m'attendait près de l'escalier.

— C'est lui.

Nous descendîmes les degrés d'un pas morne.

— Vous êtes bien pâles, dit mon père pour tout bonjour.

Je regardai Françoise. Elle était verte, en effet. Dans notre trouble, celui-là même qui nous faisait verdir, nous avions oublié de nous pincer les joues.

Notre pâleur avait le don de mettre mon père en colère. Il craignait toujours la note du médecin, ce qui était assez incompréhensible puisqu'il ne le demandait jamais, mais c'était ainsi. Comme nous pâlissions rien que d'entendre le bruit de ses pas, il avait souvent l'occasion de nous reprocher notre mauvaise mine.

— Vous êtes encore constipées, cria-t-il de sa voix perçante à quoi j'ai dû tant d'humiliations car, s'il est mortifiant d'être injurié, il n'y a pas de mots pour désigner ce que l'on ressent quand on est injurié à tue-tête, et par son père encore.

Les groupes voisins se retournèrent. Ça y était. Quand il attaquait le sujet de la constipation, il en avait pour un petit moment. Avec la diète et les bains chauds, le bon fonctionnement des intestins constituait la base de ses principes médicaux. Tout ennui de santé était causé par la constipation : ma myopie, la pleurésie de maman, le retard qu'une égratignure mettait à guérir. Il avait trouvé une formule dont il n'était pas peu fier.

— Si tu étais faite de cristal, ça serait joli à voir.

Pour ma part, j'ose le dire, je n'avais rien à me reprocher de ce côté. Mais nos dénégations n'étaient pas entendues. Ses prémisses posées, rien ne l'arrêtait dans le chemin des conclusions. Il disait : « Tu prétends que non, mais si c'était oui » et il continuait ainsi qu'il l'avait décidé.

Dans mes premiers âges, cela me mettait en rage. Puis, je pris peu à peu l'habitude de considérer qu'il était toujours dans l'erreur, pour cela comme pour le reste, et qu'il ne fallait jamais attacher la moindre importance à ce qu'il disait. Tout de même, en plein parloir, je la trouvais saumâtre. J'en verrais bien d'autres. Heureusement, à chaque parloir suffit sa peine.

Toutefois, la peine ne finissait pas avec l'heure du parloir. L'enfant humilié devant d'autres enfants ne voit plus la fin de ses ennuis. Quand nous revenions, la nouvelle de notre disgrâce nous avait précédées dans la salle de récréation et nous recevions un accueil méprisant. Au lieu de nous plaindre d'avoir un tel père, les filles nous en tenaient rigueur. Elles se moquaient.

— Dis, il a une bonne voix, ton père. On l'entend de loin.

Les rires fusaient. Je m'en allais dans mon coin pendant que celles qui avaient assisté à l'incident mettaient les autres au courant. Tout en chuchotant, elles me regardaient à distance et je ne savais que devenir comme si d'avoir ce père-là eût été une sorte de mauvaise action.

Quand je revois toutes ces vilaines années, je m'aperçois que ce qui manquait le plus, dans ces pensionnats, c'était la bonté. Personne ne la pratiquait, ni les sœurs ni les enfants, et personne ne nous disait jamais que nous aurions dû la pratiquer. Personne ne nous disait jamais que la bonté existait. Si d'aventure nous la rencontrions, nous ne pouvions la reconnaître faute d'usage et faute de l'entendre nommer justement. Elle s'appelait préférence, caprice, chatteries, amitié particulière, mais jamais bonté.

Le dimanche suivant, nous eûmes soin de nous pincer les joues. C'est ma sœur Dine qui nous avait enseigné ce subterfuge. Il fallait procéder à la fois avec vigueur et délicatesse. La première fois qu'elle s'y était essayée, elle y avait mis tant de fougue que deux énormes ecchymoses, fort difficiles à justifier, lui paraient les joues le lendemain.

Ce fut pour nous tous une mauvaise année. Il est déjà désastreux, dans une famille normale, que la mère soit malade. Nous n'étions pas d'une famille normale et les désastres nous venaient rarement seuls. Pour nous, les pensionnaires, rien n'était comparable au malheur de notre sœur aînée, mais il n'empêche que notre vie subissait de tristes changements : maman alitée, grand-maman occupée à la soigner, Dine prise par ses coquelucharde, nous ne voyions plus personne de ceux que nous aimions et les jours de parloir où nous étions appelées nous étaient bien plus pénibles que ceux où nous ne l'étions pas. Nous avions coutume, dix mois par année, d'enkyster notre abcès dans l'oubli — le pensionnat apportait ses blessures, lui aussi, mais l'enfant sent bien, lui pour qui la vie coule pourtant si lentement, que cela n'est qu'un moment à passer, que cela n'appartient pas à son vrai destin — et voilà que l'oubli ne nous était plus possible. Les dimanches se suivaient avec une fréquence terrifiante. Mon père nous redevenait presque aussi obsédant que pendant les vacances.

C'est une funeste situation que d'avoir un père dont l'existence physique est aussi abusive, mais qui, à l'intérieur du cœur de l'enfant, là où se nourrit le sentiment filial, n'a aucune espèce d'existence. J'étais à la fois terriblement concernée et monstrueusement détachée. C'est un dualisme destructeur. Mon père n'était rien que force physique qu'il fallait éviter de déchaîner. Mais cela, il l'était bien. Je n'ai jamais, de toute ma vie, rencontré un être aussi unanimement rejeté par sa famille. Il semble qu'il ne le sentît pas. Comme il ne souhaitait pas s'imposer autrement que par la violence, comme il ne croyait pas que l'on puisse s'imposer autrement, il était satisfait de la situation. Il sentait bien, parfois, que notre amour filial n'avait rien du délire. Par exemple, il disait après ce que nous appelions «une séance de battage» (séance: temps que l'on passe à une occupation non interrompue — Larousse):

— Tu n'as pas le droit de me haïr.

Il avait de ces intuitions... Pour notre part, nous eussions bien préféré n'avoir jamais eu de raisons ni l'occasion de nourrir de la haine. Mon père s'en tenait à nos droits. Dans l'ensemble, à part ces intuitions, il était content de soi. Bien entendu, il avait sa façon à lui d'être satisfait. D'un bout de l'année à l'autre, il ne décolérait JAMAIS. Il n'aimait que cela, la colère. Il jouissait de notre silence apeuré. Il nous voulait chroniquement terrifiés. Nous l'étions. Il ne pouvait que s'en féliciter.

On dit toujours que la paresse est la mère de tous les vices. J'incline à croire que c'est la mère des vices gaillards. La mère des vices lugubres, c'est la colère. Le succès de ses colères avait inspiré à mon père un orgueil éperdu. L'orgueil avait suscité l'égoïsme, rien ne comptait que lui-même. L'égoïsme est frère de l'avarice. Et l'avarice avait engendré cette insociabilité sans exemple qui lui fit, surtout après la mort de maman, fermer sa porte à quiconque.

Cette insociabilité, je dois dire, n'était pas nourrie que de la seule avarice. Épargner l'argent que coûtent du thé, des petits gâteaux, une robe convenable pour recevoir ou sortir, c'était, il va de soi, bien important. Mais il y avait autre chose.

Quoi donc?

Quoi donc! À Québec! Mais oui, mais oui, vous avez mis le doigt dessus, si j'ose ainsi dire. Le sexe! Il y pensait sans cesse, notre pauvre père, et en mal bien sûr, sauf quand il s'agissait de ses mariages, quatre en tout, mais ce qui le concernait, lui, faisait partie d'un monde à part. Il y pensait sans cesse et il nous poursuivait, sur ce point, jusque dans nos derniers retranchements. Nous qui n'avions pourtant pas trop de temps pour penser à marcher droit, étions sans répit soupçonnés, accusés et, finalement, convaincus de culpabilité. Il avait donc bien assez de difficultés avec nous sans introduire des étrangers dans le bercail. D'autant plus que tous les enfants étrangers ont de mauvais parents qui ne surveillent pas leur progéniture et la laissent pousser dans le vice.

C'était là deux bons motifs de nous garder prisonniers. Il en avait un autre plus important. Un puissant motif, celui-là même qui pousse les gouvernements dictatoriaux à interdire les voyages outre-frontière: la crainte que nous découvrissions que notre famille n'était pas la famille, que notre maison n'était pas la maison, que notre vie n'était pas la vie.

L'année scolaire se termina moins lugubrement si je ne considère que mes rapports avec les sœurs et les petites filles. Elle prit fin, même, de façon assez comique. Tous les ans, le 31 mai, nous fêtions le dernier jour du mois de Marie par une procession. C'était un événement très excitant. Profitant, ce jour-là, d'une permission spéciale, nous pénétrions dans une partie du monastère où les laïcs n'avaient pas le droit de poser même le bout du pied. Nous parcourions ensuite, d'un bout à l'autre, l'immense jardin où, là non plus, nous n'allions jamais. Un jardin plein d'arbres fruitiers, de fleurs, d'allées ratissées, et dont j'ai gardé un souvenir ravi. Pour finir, après avoir traversé le petit cimetière, nous entrions dans la chapelle par une porte mystérieuse, de partout cachée aux regards et dont nous oubliions, d'une année à l'autre, la situation exacte. C'était quelque chose.

J'étais robuste pour mon âge. L'hérédité paternelle, sans aucun doute. Seule, dans notre division, une autre fillette pouvait me battre sur ce point (nous nous battîmes, en effet, l'année suivante et j'eus le dessous, mais non sans lui avoir arraché une pleine poignée de cheveux, ce qui lui laissa pour longtemps une manière de tonsure mal centrée, un peu eczémateuse, et dont la vue me poursuivait partout). L'année précédente, elle avait porté la bannière à la procession. Cette année-ci, quelque chose l'en empêchait, un poignet foulé peut-être. Je pense que l'on me voit venir avec mes gros sabots. Quand il fut manifeste que ce poignet ne serait pas guéri à temps, un vent d'oubli se mit à souffler sur mes péchés. On s'aperçut, tout à coup, que je ne parlais plus pendant les heures d'étude — je n'avais même plus à qui parler pendant les heures de récréation — que je ne continuais plus à jouer après la cloche. Avec qui aurais-je joué ? Je récoltai quelques compliments.

Deux ou trois jours avant la procession, il fallut se rendre à l'évidence : si cette bannière devait être portée, c'était moi qui la porterais. À la fin de la classe de caté-chisme, la mère Saint-Chérubin me fit lever et me tint le discours du père de l'enfant prodigue. J'étais pardon-née et de tout cœur. Et comme en ces sortes de choses rien ne vaut une preuve éclatante, on me faisait l'hon-neur de me confier la bannière. Je n'en revenais pas, j'avais la larme à l'œil et le cœur tout fondant. À la ré-création suivante, on se battait pour jouer avec moi.

— Je pensais que ce serait Marie-Jeanne qui serait choisie, dit innocemment une petite fille.

— Elle est pas assez forte, répondit une non moins innocente. Elle a les bras comme des allumettes.

— Si Marthe avait pu ...

Je ressentis, soudain, une sale impression. Je ramassai mes petites affaires et fus porter ma jeune gloire dans un autre groupe.

La coutume de distribuer en récompense les emplois qui demandent beaucoup de vitalité et peu de timidité, était assurément pour les religieuses une profonde source d'ennuis. La docilité se rencontrait ailleurs et si les honneurs, comme on disait, avaient été distribués en châtiment, tout eût été plus facile.

J'ai déjà dit que j'étais aussi dénuée de timidité que faire se peut. Une enfance comme la mienne aboutit soit à un précoce durcissement de l'épiderme, soit à un complet écorchement. Je n'étais pas une trembleuse. Cela me valut, l'année suivante, une autre aventure cocasse qui ressemble tellement à celle de la bannière que j'ai envie de la raconter tout de suite.

La plus haute récompense que nous pouvions mériter par notre bonne conduite était un ruban qui changeait de couleur et de dédicataire selon les divisions et qu'on ne recevait qu'une fois quel que soit le nombre d'années passées dans une même division. Dans celle des petites, c'était le ruban rose, dit de l'Enfant Jésus. En même temps que les rouges et les bleus, il se donnait en grande pompe, à la chapelle, devant tout le couvent réuni, après que l'une des récipiendaires de chaque couleur eût lu un acte de consécration. Je n'en étais jamais.

Vint cette année où seules quelques timides méritèrent le ruban rose. En principe, pour le recevoir, il fallait avoir été bonne depuis septembre. Quand arriva la fin d'avril, il semble que l'on s'avisa de l'impasse où l'on s'engageait. La religieuse m'appela, me fit un long discours d'où il ressortait que je n'avais pas été aussi méchante que les autres années. Si je voulais être bonne pendant un mois, je recevrais le ruban. De plus, ce serait moi qui aurait l'honneur de lire l'acte de consécration. Je fus un peu surprise, sans plus. Je me mis à la tâche. Mais deux jours ne s'étaient pas écoulés que j'avais oublié mes résolutions. On me fit un deuxième prêche : j'avais été étourdie, mais je n'avais pas encore démérité, je ferais mieux à l'avenir, on n'en doutait pas. Bref, de sermon en prêche et d'amnistie en coup d'éponge, je parvins au moment des répétitions. Elles se faisaient à la chapelle. Avec ma voix de stentor, on ne courait pas de risques : je serais entendue jusqu'au fond du jubé.

Un jour, en revenant de la chapelle, je m'attardai dans le vestiaire où il faisait toujours noir comme chez le diable. Tout à coup, j'entendis entrer les deux maîtresses de la division.

— Elle ne mérite pas le ruban, disait l'une.

— Que voulez-vous ? Je n'ai personne d'autre pour lire l'acte de consécration. Toutes celles qui le pourraient sont déjà « reçues du ruban », répondit l'autre.

On est bon quand on est petit. Il aurait pu me sembler normal de pousser mes avantages à fond pour voir, peut-être, se recommencer la mémorable panique du soir de Noël. Je n'y pensai même pas. Je sortis de mon vestiaire sitôt la voie libre et je fus, jusqu'au grand jour, sage comme un ange. Il ne restait qu'une journée ou deux, c'était faisable. Je ne voudrais pas trop m'avancer, mais je pense que j'obéis à une sorte de pitié. Cet âge en ressent, souvent.

Je pense bien que ce fut cette année-là que nous priâmes tellement, jour et nuit, pour le miracle, et que nous fîmes des sacrifices et des offrandes à Dieu. De septembre à juin, ce fut sans cesse notre préoccupation principale. Le miracle n'eut pas lieu.

Il s'agissait d'obtenir la béatification de notre vénérable fondatrice et nous n'avions pas, pour cela, un nombre suffisant de miracles. La communauté avait décidé que cette année-là serait la bonne. Coïncidence inespérée, il nous arriva, en septembre, une petite fille demeurée infirme à la suite d'un accident survenu dans un autre pensionnat. Faute de soins — ces bonnes sœurs-là n'avaient même pas demandé le médecin après la fracture — la petite Jeanne avait une jambe atrophiée. Elle boîtait très bas. C'était le ciel qui nous l'envoyait car, s'il est vrai que les maux à guérir ne manquent pas dans ce triste monde, il est toujours mieux d'avoir sous la main le miraculé en puissance. On ne risque pas, ainsi, qu'il obtienne sa guérison de quelque autre thaumaturge. Cela s'était produit peu d'années auparavant : une mère d'élève avait été guérie par sainte Anne, ce dont on ne se consolait pas.

Nous n'avions pas encore fini de déballer nos effets que la mère Saint-Chérubin avait obtenu que Jeanne posât sa candidature au miracle. La petite rayonnait. Un matin, elle s'éveillerait avec deux jambes égales, cela ne faisait pas de doute. Les prières commencèrent tout de suite. Depuis le « cœur à Dieu » du matin jusqu'à celui du soir, en passant par toutes les oraisons de la journée, il n'était plus question, entre nous, entre nous et Dieu, entre nous et la vénérable fondatrice, que de la jambe de Jeanne. Au saut du lit, c'était notre première pensée. Prévoyant le cas où la miraculée eût été trop émue pour crier «miracle, miracle», nous allongions toutes le cou pour voir de nos yeux si Jeanne marchait droit. Car il était bien entendu que «cela» ne pourrait se passer que la nuit. Quoique nous fussions confiantes en la puissance de la fondatrice, il nous semblait que la chose s'opérerait dans le secret du lit et le mystère de l'obscurité. L'entreprise présentait assez de difficulté sans que nous exigeassions qu'elle advint en plein jour. Il faut savoir être discret.

Les matins se succédaient sans que la jambe s'allongeât. Jeanne grandissait et c'était plutôt l'autre jambe, celle pour qui nous ne priions pas qui s'allongeait. Nous avions beau multiplier les prières et les promesses, rien n'y faisait. La vénérable fondatrice restait insensible et Jeanne perdait peu à peu son sourire. Juin la trouva comme septembre nous l'avait amenée. Tout ce qu'elle avait gagné c'était de n'avoir passé aucune journée sans entendre parler de son infirmité. Il ne lui fut pas permis de l'oublier une seconde. Chaque pas qu'elle faisait se trouvait, pour elle et pour tout le pensionnat, une déception sans cesse renouvelée.

— Peut-être ne méritez-vous pas d'être miraculée, lui disait parfois la mère Saint-Chérubin qui avait provision de bonnes paroles.

Jeanne se mettait à pleurer et nous nous demandions avec quelque ennui si nous n'avions pas, tout ce temps, prié et fait des sacrifices pour une jambe condamnée à rester courte.

Il faut dire que nous étions rien moins qu'habiles dans l'obtention des prodiges. Ainsi, on nous disait souvent que l'extrême docilité en suscitait et qu'il était arrivé, on ne savait trop ni quand ni où, qu'un enfant, pour avoir fermé son cahier de devoirs au son de la cloche sans même finir le mot commencé, trouvât son travail terminé par son ange gardien. Les anges ne se servent que d'encre d'or à quoi on reconnaît leurs interventions. Combien d'entre nous fermaient leurs cahiers sans même prendre le temps de se servir du papier-buvard! Non seulement nos anges gardiens se tenaient-ils oisifs, mais nous étions, par surcroît, grondées pour des pâtés d'encre causés par notre parfaite docilité.

Et Jeanne qui boîtait toujours... De deux choses l'une : nous étions trop méchantes pour être exaucées ou bien les miracles étaient passés de mode. De part et d'autre, l'hypothèse était déprimante. On avouera que l'indifférence, pour ne pas dire la désinvolture, d'une bonne quarantaine d'anges gardiens, plus celle d'une vénérable fondatrice, avait de quoi nous donner à penser.

Maman revint peu avant les grandes vacances. Jusqu'à sa mort, quatre ans plus tard, elle obéit à un rythme particulier, toujours le même : avec le printemps et l'été, son état s'améliorait et elle passait ses saisons à peu près normalement ; en octobre, quand le froid infernal — oui, l'enfer, c'est le froid — venait s'ajouter aux fatigues accumulées pendant les vacances, elle s'alitait jusqu'à la fin de l'hiver. Ce n'est pas sans remords que je songe à ces vacances. Je n'étais vraiment pas endurable. Pourtant, chez grand-maman, j'étais bien sage. Mais, semble-t-il, à la maison, sitôt mon père parti à son travail, je ne savais quoi inventer. Bien que je l'adorasse, je crois que j'en voulais à maman d'avoir épousé cet homme, de me l'avoir donné pour père, d'être trop faible pour le réduire. Cela, bien entendu, tout au fond de moi, dans l'informulé.

Elle s'alitait tous les hivers, mais elle ne retourna chez grand-maman que pour mourir. Elle avait compris, je pense, et dès sa première rechute, que les jeux étaient faits. Il devenait, dès lors, inutile de laisser Dine seule, face à ce forcené. Aussi longtemps que maman avait eu l'espoir de guérir et, partant, celui de pouvoir nous protéger plus tard, son abandon momentané avait un sens. Maintenant, elle préférait refuser une chance de guérison très aléatoire et ne nous abandonner qu'en mourant. Cette décision qu'elle avait prise, je l'entendis en faire part à grand-maman, un jour que celle-ci était venue nous visiter — ce qui n'arrivait pas souvent, car ces visites mettaient mon père en fureur. J'allais passer devant la fenêtre ouverte du salon quand je fus arrêtée par la voix lamentable de grand-maman. Je l'entends. Elle pouvait — les larmes ne la suffoquant pas comme elles me suffoquent, moi, par exemple — tenir une longue conversation sanglotante et cela me plongeait — nous eûmes par la suite, elle et moi, plusieurs de ces entretiens — dans une douleur sans nom.

Je ne comprenais pas bien tout ce dont il était question. J'entendais qu'elles parlaient de mort et de la mort de maman mais, à cet âge, l'enfant imagine aisément que la mort de ceux qu'il aime est improbable, que l'on n'en parle que par manière de menace, de doux chantage — «Tu vas me faire mourir» —, et qu'il suffit d'être sage pour éloigner ce danger. Je demeurai cependant très troublée durant quelques jours puis, comme rien ne se produisait et que je ne savais pas bien ce que c'était que l'avenir et ce que c'était que de le prévoir, je n'y pensai plus.

Ce fut probablement cette année-là qu'en arrivant à la maison pour les grandes vacances, nous trouvâmes mon père engagé à fond dans son entreprise agricole.

Depuis longtemps, nous avions des poules. Nous avions aussi une vache que la vieille bonne, Adèle, trayait matin et soir, en son temps. L'absence de route rendait tout ravitaillement malaisé (Adèle faisait le pain et, quand nous eûmes deux vaches, le beurre) et ces bêtes nous étaient fort utiles. Mais il ne s'agissait plus, maintenant, d'une aussi petite exploitation. Mon père était devenu gentleman-farmer. Il avait acquis les terres avoisinantes, pris un fermier, acheté deux juments — Belle et Maggie —, d'autres poules, des abeilles, des pigeons qui retournaient sans cesse à leur ancien pigeonnier et qu'il fallait aller réclamer à leur premier propriétaire. En sus, l'outillage congru.

— As-tu une robe neuve pour l'été, maman? demandai-je en arrivant.

— Non, ma chérie, je n'ai pas de robe neuve. Mais nous avons une faucheuse, une moissonneuse-lieuse, une épandeuse, et que sais-je…

Je ne l'avais jamais entendue parler de la conduite de mon père sur ce ton ironique. J'en fus étonnée et je me dis que cette idée paternelle devait être une bien mauvaise idée. C'en était une. Quand, une douzaine d'années plus tard, il eut la subite inspiration de tenir des comptes, il s'aperçut que les profits n'équivalaient pas au dixième des dépenses. Entre-temps, nous avions perdu tous les veaux que les vaches avaient eu l'imprudence de nous donner, les poules mouraient sans dire pourquoi, les abeilles périssaient pendant leur hibernation. Quant aux pigeons, ils se révélaient fidèles comme au premier jour et c'était l'ancien maître qu'ils aimaient d'amour tendre.

Devenu gentleman-farmer mon père, fort heureusement, était demeuré ingénieur. Le soin de l'exploitation retombait sur nos épaules. Il y avait bien le fermier, nous en eûmes même plusieurs l'un après l'autre, mais il semble qu'ils étaient toujours recrutés parmi la race des porteurs de poil dans la main. Ou bien étaient-ils si mal payés que leur conscience les laissait libres de faire dimanche tous les jours?

Le matin, avant de partir pour son bureau, mon père distribuait le travail: sarclage, arrosage, repiquage, tuteurage, bêchage et râtissage. Mais rien de tout cela n'était comparable à la corvée des doryphores, rien n'était plus répugnant. Presque tous les jours, nous devions arpenter le champ de pommes de terre, nantis d'une boîte de conserves vide qu'il fallait remplir de «bibites».

Pour l'enfant affecté à cette capture et qui n'est pas au courant des métamorphoses des insectes, il y a deux sortes de doryphores: les durs et les mous. Les mous sont plutôt inertes, roses et ronds. Ils cèdent un peu sous les doigts. Les durs gigotent, s'accrochent à la peau des mains de toutes leurs petites pattes et cherchent sans cesse à prendre la poudre d'escampette. Il faut d'une chiquenaude les faire retomber dans la boîte et, quand celle-ci est presque pleine, que les «bibites» sont près du bord, on a fort à faire.

La boîte remplie, nous allions jeter notre cueillette dans un feu de branches allumé à cette fin. Cela répandait une odeur indicible. Après quoi nous allions remplir la boîte de nouveau. Ainsi de suite toute la journée.

Je n'ai jamais vu de bêtes manifester autant de courageuse obstination dans le désir de se reproduire: en cueillir une semblait en susciter mille.

Nous étions censés réclamer un sou par boîte remplie, à la fin de la journée, mais il arrivait toujours quelque anicroche pour nous priver de notre salaire. Nous avions commis des sottises ou bien nous n'avions pas rempli autant de boîtes que nous le prétendions et nous étions donc de vils menteurs qui ne méritaient rien du tout, etc. Après peu de temps, nous avions compris: dans cette opération, seuls les doryphores étaient réels et l'obligation où nous étions de les cueillir. Je perdrais ma salive à tenter d'établir que nous étions en voie, filles ou garçons, de développer un fervent amour de la terre. Au reste, nous étions déjà, tous les sept, citadins dans l'âme — l'affirmation «les Canadiens français sont tous très près de la terre» m'a toujours fait sourire. Il en est chez nous comme partout ailleurs: certains sont près de la terre, d'autres en sont éloignés depuis fort longtemps — fils, petits-fils, arrière-petits-fils de citadins, et cette initiation forcée aux charmes de la campagne ne faisait qu'aviver nos tendances.

L'un de nos fermiers, Pit, accumulait bévue sur bévue. Mais il avait une telle façon de flatter mon père qu'en fin de compte, quelle que soit la faute, il était toujours, et facilement, pardonné. Pit aimait la bouteille. Mon père a toujours tenu l'ingurgitation d'une seule lampée de vin comme péché mortel, mais il donnait l'absolution quand c'était Pit qui se soûlait, ce qui arrivait assez souvent et avec des conséquences catastrophiques la plupart du temps. Ainsi, une veille de Jour de l'An, mon père l'avait chargé d'aller faire, en ville, la tournée de nos parents et de ramasser les étrennes que ceux-ci nous destinaient. C'était, en effet, toujours affreusement compliqué de venir nous porter les étrennes au bout du monde, puisque nous y habitions. Pit était là, il y avait les chevaux, le traîneau. Cela devenait tout simple.

En fait de tournée, aussitôt celle des parents terminée, il commença celle des bars. Ramené par l'alcool à l'ingénuité native de l'homme, il abandonnait, sans méfiance, le traîneau rempli de cartons enrubannés chaque fois qu'il pénétrait dans une «buvette», comme disait mon père. Il ne songea à rentrer que lorsqu'il s'aperçut que le traîneau avait été complètement vidé par les passants. Il ne fut pas très bien reçu par mon père, mais pas tellement mal non plus.

Je me vois encore écrivant à ma marraine, le lendemain, une lettre de remerciements pour des gants que je n'avais jamais vus. Des gants, cela s'imagine assez bien. Il s'agit d'éviter de parler de leur couleur. Voire. Toutes les phrases que je concoctais portaient un trou là où il aurait fallu écrire blanc, bleu ou marron.

Quand grand-maman apprit ce qui s'était produit, elle vint elle-même nous porter d'autres étrennes. Le Jour de l'An était passé, il est vrai, mais de toutes façons, le Jour de l'An, pour nous, cela ne comptait guère. C'était d'abord et avant tout, une journée où mon père restait à la maison. Parlez-moi d'un bon lundi ouvrable! Un lundi tout ordinaire entre nous, les enfants, et maman!

Ce fut Pit et sa femme — un vrai pruneau prénommé Blanche — qui restèrent le plus longtemps à notre service. Avant eux, nous avions eu Richard et Victoire —

des Acadiens qui parlaient une sorte de musique — et après eux nous eûmes un nommé Lachance dont il n'y a rien à dire. D'autres aussi que j'ai oubliés. Originaires de lointaines campagnes, tous ces gens parlaient des langages qui nous étaient fort étrangers. Pas d'anglicismes, non, mais des archaïsmes, des glissements de sens. L'un d'eux, cela me revient, disait toujours « quitter faire » au lieu de « laisser faire ». Ils étaient, d'habitude, chargés d'enfants qui doivent avoir nos âges maintenant, et qui se souviennent peut-être qu'ils jouaient, eux, pendant que les enfants de mon père passaient leurs vacances à ramasser des « bibites ».

La cueillette des doryphores, c'est bien utile, mais il fallait s'en arracher pour retourner au pensionnat. Je ne reverrais plus mère du Bon-Conseil qu'au hasard des corridors. J'allais, pour le français, tomber — c'est bien le cas de le dire — entre les mains de la mère de l'Ange Gabriel.

J'ai parlé, plus haut, de la mémoire enfantine… Sans elle, j'aurais terminé l'année qui commençait dans l'état d'analphabétisme d'un bébé naissant. Nous avions, en principe, cinq heures de français par semaine. Sous le règne de la mère de l'Ange Gabriel, nous n'en eûmes pas dix minutes.

C'était une grosse laide aux joues rouges, à la démarche bruyante. Elle arrivait, tous les matins, l'air pressé de qui ne peut attendre pour dispenser le savoir.

— Allons! allons! la prière, la prière.

Tout ce qu'elle disait était si important qu'elle le répétait deux fois. La prière récitée, elle s'asseyait précautionneusement, car il n'y avait pas de commune mesure entre la chaise et ce qu'elle avait à poser dessus, et elle nous regardait d'un air navré, toujours le même.

— Oui, nous avons bien besoin de prier, nous avons bien besoin de prier. À notre époque, on ne sait ni qui vit ni qui meurt. Ni qui meurt. Tout d'abord, les médecins ne valent plus rien, plus rien. Quand on est entre leurs mains, on peut faire son testament. Oui, on peut faire son testament. Imaginez-vous qu'ils viennent d'inventer de soigner les malades avec de l'iode. Avec de l'iode!

Elle nous considérait d'un œil satisfait. Celui de la femme assez courageuse pour oser dénoncer un forfait bien caché et qui compromet la survivance du genre humain. Grand coup de poing sur la table :

— De l'iode! À l'autopsie, on leur trouve l'intérieur tout pourri. Mais les médecins continuent!

Parfois, elle poussait la condescendance jusqu'à dire :

— Je ne parle pas de votre père, Une Telle. Son nom n'était pas parmi ceux qu'on nous a communiqués.

Mais, la plupart du temps, elle ne s'arrêtait pas à de semblables scrupules. Une fois appareillée, elle allait grand erre jusqu'à la fin de la classe. Elle ne s'embarrassait ni du temps ni de l'espace. La Faculté venait à peine d'imaginer la thérapeutique iodée, que l'on donnait déjà dans les autopsies jusqu'aux coudes. Les chrétiens mouraient comme des mouches «autant que de la grippe espagnole» et, cette fois, non seulement on avait le temps de les enterrer — ce qui avait parfois manqué durant l'épidémie — mais on possédait celui de les disséquer. Et allez donc!

Cela recommençait un jour sur trois car elle n'avait que trois dadas seulement et elle les montait à tour de rôle. Il ne s'agissait jamais que de révélations mystérieuses jetées toutes chaudes, par un ténébreux messager, dans le sein du chapitre réuni à cet effet.

Deuxième jour:

— Oui, nous avons bien besoin de prier. Bien besoin en vérité. Nous avons su, hier, que les Juifs et les francs-maçons s'étaient rencontrés il y a deux jours (nous admirions, en passant, l'état de fraîcheur où nous parvenaient ces renseignements) et qu'ils ont pris de terribles décisions. Terribles!

S'ensuivait un savant silence qui devait nous plonger dans les affres de la peur. Nous mourions de rire dans nos mouchoirs. Lentement, la bonne sœur nous balayait de l'œil: elle se croyait le phare dont la lumière sauve les marins en péril. Le plus pressant des périls qui nous menaçaient était bien celui où nous étions de ne pas apprendre la grammaire, mais ce n'était pas à celui-là qu'elle en avait.

— Et qu'ont-ils décidé?

Deuxième silence, plus prolongé que le premier.

— Que, cette année, la mode sera plus indécente encore que l'an dernier. Nous allons anéantir le catholicisme par la femme, voilà ce qu'ils ont dit. Ce sont leurs paroles textuelles.

Elle relevait un menton intrépide.

— Ils ne se doutent pas que leurs desseins nous sont déjà connus. Et pourtant, ce que je vous raconte est arrivé pas plus tôt qu'avant hier soir, à New York. Vous n'ignorez pas que New York n'est peuplé que de Juifs et de francs-maçons ... bla, bla, bla ...

Tous les trois jours, ces bandits avaient décidé et redécidé cela à neuf l'avant-veille. À coup sûr, ils souffraient d'une sorte d'amnésie tierce. Il ne fallait rien moins que la cloche de dix heures pour interrompre la description du sombre univers judéo-maçonnique et du non moins sombre univers féminin, toujours habité par le démon, c'est connu.

Troisième jour :

— Oui, nous avons bien besoin... *bis* et etc.

Ces jours-là, c'était plus drôle, car il s'agissait de l'état d'innocence où se trouvait sa nièce en entrant au pensionnat. Cette innocence, maintenant, on l'aurait cherchée en vain. La nièce l'avait perdue à notre contact. L'une d'entre nous ne s'était-elle pas avisée de lui faire part d'un prochain événement : «Maman attend un bébé.» Depuis ce jour, la nièce était devenue nerveuse. Elle pleurait souvent et ne dormait pas bien la nuit. Bien entendu, cette innocence-là était la seule qu'il eût valu la peine de conserver. Les nôtres, pftt! Cela n'avait rien d'étonnant si l'on considérait qu'il y avait dans la classe des petites filles dont la mère se fardait et nous nous penchions toutes pour regarder les petites Landry, car c'était d'elles que l'on parlait.

Grosse, le teint pâle, le cheveu raide et gras, la nièce semblait bien, de nous toutes, la moins nerveuse, mais on s'épuisait à nous persuader qu'elle avait des effarouchements de biche. Elle cachait ça sous des dehors de bovidé. L'air cafard, elle écoutait l'oraison funèbre de sa candeur et ne paraissait pas souffrir de voir ses pudeurs les plus intimes déballées en public. Comme nous, elle attendait la cloche. Parfois, à la récréation, il s'en trouvait pour aller la regarder sous le nez.

— C'est drôle, je couche pas loin de toi et je t'entends pas pleurer la nuit.

— Je vais dire à ma tante que tu m'as dit ça, s'écriait la biche, sa graisse toute secouée par les sanglots.

Aussi les voyait-on sans cesse, la tante et la nièce,

dans les encoignures, occupées à des parlotes dont nous savions bien de quoi il retournait.

Encore que l'on nous mît tout le temps la puce à l'oreille, pour ma part je ne savais d'où venaient les enfants. Ma candeur était plus solide que celle de la biche. Je pressentais bien, à tous ces mystères, qu'ils devaient venir d'un endroit pas très catholique et, dame! un endroit pas très catholique, je n'en connaissais qu'un, mais cela me semblait bien impossible. Ça ne résistait pas à l'analyse. Qui aurait été porter les mioches, et pourquoi, en ce recoin minuscule? Je n'en avais aucune idée et je dois dire que je m'en fichais pas mal. J'admire mon ignorance quand je considère tous les soupçons auxquels j'étais en butte, aussi bien à la maison qu'au pensionnat, car cette ignorance restait profonde et inentamable. Ainsi, je m'étais bien souvent demandé par quelle étrange combinaison mon père et maman partageaient le même lit. Nous, les filles, n'avions pas le droit de nous approcher de nos frères plus qu'il n'était indispensable et mes parents, qui n'étaient pourtant pas du même sexe, couchaient dans le même lit. Je trouvais que maman avait des goûts inexplicables. Pour ma part, je n'aurais pas voulu coucher dans le lit de mon père pour tout l'or du Pérou. C'est ça qui devait être désagréable! (Quand maman revint à la maison après sa pleurésie, mes parents firent, dès lors, chambre à part, et cela me fut d'un grand soulagement.)

Pourtant, toute petite, j'avais déjà le pressentiment que le lit n'est pas fait que pour dormir. C'était une notion informulée mais, si je m'arrête à deux rêves dont je me souviens fort bien, je ne peux que conclure à la présence de cette notion dans mon subconscient. Le premier de ces rêves m'advint aux alentours de mes six ans. J'avais une sorte de conversation affectueuse avec quelqu'un que je n'identifiais pas bien et, tout à coup, je comprenais que c'était le démon. Mais cela ne me faisait pas peur. Au contraire, j'en profitais pour lui faire la leçon et lui expliquer qu'il devrait bien, depuis le temps, demander son pardon et je l'assurais que, de mon côté, je prierais Dieu de lui pardonner. Après quoi il se couchait auprès de moi et se blottissait dans mes bras. Je m'éveillai émue de façon assez érotique, me semble-t-il bien. Le second rêve ressemble au premier et se situe quelques années plus tard. Les Iroquois envahissaient le monastère. Toutes les religieuses (hum!) et toutes les fillettes étaient mortes. Moi, j'étais cachée sous une table recouverte de feutrine verte et j'allais subir le même sort que les autres, puisque je venais d'être débusquée par un jeune Iroquois — beau, il va sans dire, et fort joliment emplumé. À lui aussi je fis un petit speech et je dus le convaincre, puisque je lui ouvris, également, mon lit. Ce goût pour les «mauvais garçons» — et quels! — ainsi que pour le sermonnage, me stupéfie assez.

Ainsi donc, tout ce temps, la grammaire et l'orthographe s'enfonçaient dans une brume lointaine. De ci de là, certains jours arides où la muse de la mère de l'Ange Gabriel se taisait, nous attrapions une dictée, mais neuf fois sur dix cela n'allait pas jusqu'à la remise de nos copies.

— Nous corrigerons cela demain, nous corrigerons cela demain.

Le lendemain, foin des dictées! Il ne s'agissait plus, à

nouveau, que de robes collantes, d'hosties profanées, d'iode et de bas transparents. Parfois, une zélée demandait, au moment où sonnait la cloche:

— Avons-nous une leçon pour demain?

— Vous m'apprendrez les pages 50 et 51.

— Mais nous sommes rendues à la page 75.

La mère de l'Ange Gabriel haussait des épaules lasses. Que venait-on lui parler de grammaire, quand elle était occupée à sauver la chrétienté corps et âmes?

Je ne lui en veux pas. Grâce à elle, j'ai acquis, cette année-là, une belle confiance dans la médecine et les médecins, ainsi qu'une durable indifférence aux méfaits des francs-maçons. De plus, j'ai pris pour l'Histoire de France une passion qui ne m'a jamais quittée. Pendant les vacances, je m'étais approprié le manuel de ma sœur Dine. Dès que je sus par cœur (au début, j'écoutais car c'était réjouissant) les ritournelles de la mère de l'Ange Gabriel, j'employai cette heure, autrement perdue, à étudier l'histoire de ce pays que j'idolâtrais déjà pour toutes sortes de raisons, dont la moindre n'était pas que mon père, qui avait la politique du petit père Combes sur le cœur, le détestait furieusement.

Heureusement, les autres sciences nous étaient mieux dispensées. J'ai bon souvenir, par exemple, de la mère de la Trinité qui nous enseignait la géographie de façon divine. Au lieu de se précipiter au noviciat dès la fin de ses études, elle avait fait le tour du monde. Elle arrivait au cours les mains remplies de photos, de cartes, d'échantillons minéralogiques et la mémoire garnie d'anecdotes. Elle savait toujours où nous en étions arrivées en histoire, et elle ne manquait jamais de souligner que cela s'était passé ici ou là, qu'il y restait tel monument, telles ruines. Subitement, il n'y avait plus seulement Québec au monde. Tous ces pays, ces villes, illusoires jusque-là, quelqu'un les avait vus, en avait rapporté des objets que l'on pouvait toucher.

Néanmoins, privée de ce que je préférais — une vraie classe de français — je traînais une année médiocre. Au surplus, ce fut celle de ma communion solennelle. On ne la faisait pas, en ce temps-là, à tel moment des études mais à dix ans, où qu'on soit. Malheureusement pour moi j'étais la seule de mon âge et toutes mes compagnes avaient «marché au catéchisme» l'année précédente. C'est dire qu'on tenait peu compte de mon absence et que personne ne songea, passé la communion, que je pouvais avoir besoin de rattrapage. Il m'arriva même d'être grondée :

— Comment? Vous n'avez pas fait telle chose? Vous n'avez pas recopié ceci? Vous n'avez pas noté cela?

— J'étais au catéchisme.

— Comment se fait-il que vous n'ayez pas fait votre communion solennelle l'année dernière avec les autres?

— Je n'avais pas encore dix ans...

Sur quoi j'étais sommée de me taire et de me rasseoir. À ce refus d'avoir dix ans en même temps que tout le monde, on reconnaissait bien mon mauvais esprit.

Depuis que je fréquentais le pensionnat, j'avais toujours passé la semaine sainte chez grand-maman. Si ma mémoire est bonne, seules les petites de la quatrième division — à cause des offices trop fatigants, je pense — rentraient dans leurs familles où les plus grandes ne venaient les rejoindre que le samedi saint. D'habitude, je ne me rendais donc chez mon père que le samedi midi, en même temps que Françoise. Cette année-là, parce que grand-maman n'était pas bien, je passai la semaine sainte au couvent en compagnie de Loretta, qui habitait New York, et de Marthe, qui venait de loin elle aussi, mais je ne sais plus d'où. Ce fut même pendant ces jours-là que je lui arrachai cette chaude poignée de cheveux qui me brûle encore les doigts et la conscience. Bref, le samedi vers midi grand-maman vint nous chercher, Françoise et moi, et nous amena chez mon père. C'était congé pour lui aussi.

Grand-maman venait rarement chez nous quand mon père s'y trouvait. Lorsque cela se produisait, le climat familial devenait encore plus pénible qu'à l'accoutumée. Mon père s'ingéniait à lui prouver qu'il n'avait peur ni d'elle ni de personne. Il faisait le bravache. Nous étions tous attrapés à tour de rôle. Il savait bien que grand-maman était prête, pour éviter de grands drames dont maman serait la première victime, à en supporter de petits. Et les petits drames de se multiplier!

En arrivant à la maison, nous trouvâmes un nouveau venu: le chien Dano qui était, astuce, danois de son espèce. Jeune et fou, il se jetait sans cesse de tous côtés, si bien qu'en me levant de ma chaise je trouvai sous mes pieds une patte molle qui s'agitait frénétiquement. Puis, l'air s'emplit de cris, ceux du chien, les miens, ceux de mon père. N'arrivant plus à m'éloigner de ce derviche à quatre pattes, je trébuchais partout. Je fus remise d'aplomb avec promptitude. Dans une fureur hors de proportion avec l'incident, mon père m'attrapa par l'épaule et abattit de tout son poids son gros pied sur le mien en disant que j'avais besoin d'une leçon. Le chien qui n'en exigeait pas tant courait déjà sur ses quatre pattes. Moi, je pensais mourir de douleur et, à travers mes larmes, je regardais mon soulier de toile blanche se tremper de sang. Je pense bien que tout le monde le voyait aussi, mais personne n'osait remuer. Grand-maman, plus pâle qu'une morte, gardait les yeux baissés sur son ouvrage et l'aiguille tremblait tellement dans ses doigts qu'elle dut défaire, en fin d'après-midi, tout l'ourlet qu'elle cousait au moment de l'incident.

C'est une chose que de blesser un enfant. C'en est une autre que de regarder le sang couler, surtout lorsqu'il y a de l'assistance. Au bout de peu de minutes, mon père eut de façon subite, affaire au verger. Il se leva violemment et, bien sûr, atterrit lui aussi sur une patte du chien, lequel ne reçut pour toute compensation, cette fois-ci, qu'un énergique coup de pied dans les côtes.

Aussitôt mon père parti, je fus étendue, déchaussée, pansée — j'avais un ongle arraché jusqu'à la racine et il poussera, dès lors, toujours de travers — et consolée. Mais «consolée» est-il le juste terme? Maman me couvrit le pied de baisers. C'était bien plus qu'une consolation. C'était une prise de parti.

Hélas! maman était si petite, si fragile, et mon père si gros, si fort et si méchant qu'elle ne pouvait prendre parti qu'une fois le mal fait et le malfaiteur disparu. Il pourrait nous tuer tous, pensais-je, et personne ne pourrait l'empêcher. Le moment n'allait pas tarder où je m'apercevrais que la présence de maman nous protégeait plus que je ne le croyais.

Je n'ai jamais aimé Dano. Cela avait mal commencé entre nous. Je n'aimerai pas, non plus, les deux autres chiens que nous aurons: le terre-neuve Trim et l'épagneul Miro — au reste, je mettrai trente-huit ans avant de me réconcilier avec l'espèce canine, et le blond Nicou de Saint-Cézaire-sur-Siagne (Alpes-Maritime), le chien de mon ami André Serval, sera le premier pour qui cette réconciliation jouera.

Quand il s'agissait de les acquérir, mon père voulait toujours de coûteux chiens de race. Arrivé le moment de les nourrir, les cordons de la bourse se nouaient. Il leur donnait des pâtées à cochons que les pauvres bêtes mangeaient pour ne pas mourir. Jamais un bout de viande, jamais un os. Ils devenaient tout de suite laids, hargneux, le poil rude, les yeux chassieux. Ils étaient relégués à l'extérieur, quelle que fût la saison. Quand nous faisions cuire de la viande, si c'était l'été et que les fenêtres étaient ouvertes, ils devenaient fous. Sauf sur mon père dont ils avaient eux aussi une peur panique, ils se jetaient sur l'imprudent qui se risquait dehors et lacéraient ses vêtements. Et, les vêtements, dame, nous n'en avions pas à donner aux chiens. C'est Dano, je crois, qui, exaspéré, se jeta dans la vitre d'une fenêtre par où il apercevait un jambon refroidissant sur un plat.

Pour les chevaux, c'était la même chose. Chevaux de race. Mais traités si mal qu'ils devinrent tous deux, Belle et Maggie, des bêtes dangereuses qui ne cherchaient qu'à mordre et à piétiner. L'une d'elles voulut, un jour, mordre mon père. S'ensuivit une scène homérique. Fou de colère, l'outragé saisit un fouet et battit le cheval jusqu'à le faire tomber au sol, roulé en boule comme sous les griffes d'un chat. Puis, les vêtements trempés de sueur, le regard jupitérien, la bouche prodigue d'imprécations, mon père fit une entrée fracassante dans la maison.

— Essayer de mordre son maître! De mordre la main qui le nourrit! Ce damné cheval! Son maître!

Belle, dans son gros cœur de cheval, n'avait peut-être pas cette conception du mot maître et de là était venu tout le malheur. Comme nous vivions aussi éloignés de la Société protectrice des animaux que de celle de l'Aide à l'enfance, mon père en fut quitte pour être haï de son cheval aussi.

Sitôt qu'il avait à se plaindre de nous, bêtes ou enfants, il se qualifiait tout de suite de main qui nourrit. Cela ne nous bouleversait pas. Il était surtout la main qui frappe et, comme il passait incontinent à cette plus importante fonction, les allusions à son extrémité nourricière nous coupaient plutôt l'appétit. Mais on pense bien qu'il nous était défendu de manquer d'appétit.

— Vide ton assiette.

Seuls les os pouvaient être laissés. Avant que l'on ne desserve, il jetait sur nos assiettes un regard circulaire et nous étions souvent invités à déplacer notre fourchette pour qu'il puisse bien voir ce que nous laissions. Il nous servait abondamment de tout ce qu'il aimait le moins et gardait pour lui les meilleurs morceaux. S'il restait quelque belle tranche dans le plat, il s'en emparait rapidement aussitôt que l'un de nous faisait mine de demander une deuxième portion. Il achetait du foie de veau pour lui, du foie de porc pour nous, et nous le faisait remarquer sans respect humain : «Le foie de veau, c'est pour moi», disait-il simplement. Quand nous avions un gros gâteau glacé, il grattait le glaçage pour en surgarnir sa part. Ce sont de petites choses que nous aurions facilement acceptées si elles avaient été permises à d'autres que lui. Seulement, nous savions fort bien que s'il avait surpris l'un d'entre nous à gratter le gâteau...

Tous les matins, au petit déjeuner, il y avait l'histoire de la pelle à sucre. Nous avions renoncé à sucrer le café au miel brun — je ne sais d'ailleurs pourquoi : l'opinion contraire d'un autre naturiste ou, plus probablement, une énorme hausse dans les prix du miel — et, maintenant, nous avions droit au sucre semoule. Comme il arrive partout, la vapeur du café chaud se condensait sur la pelle froide et un peu de sucre y adhérait. En hiver, avec la température sibérienne qui sévissait chez nous, le phénomène prenait des proportions beaucoup plus importantes, des proportions à notre échelle. Eh bien ! tous les matins que Dieu faisait, cela engendrait des scènes à ne pas croire. L'un de nous avait trempé la pelle à sucre dans sa tasse et l'avait remise mouillée dans le sucrier. Qui ? Ah ! ce matin-ci, il allait tirer cela au clair. Il ne quitterait pas cette table sans savoir qui avait saucé la pelle à sucre dans le café. La bonté et l'indulgence ont leurs limites. Puisque la douceur n'avait donné aucun résultat, force lui était bien d'employer la rigueur. Ce choix entre la douceur et la rigueur, il le refaisait tous les matins et, douceur ou pas, l'un de nous — un ou plusieurs — attrapait des gnons dans la bagarre.

Je ne veux pas laisser entendre que mon père ignorait ce qu'est la condensation de la vapeur. Ce n'est pas d'ignorance ou de savoir qu'il s'agissait, mais de jouissance. Ce sucre collé à la pelle à sucre, ce n'était qu'un prétexte à se mettre en colère, un prétexte assuré, journalier, et qui n'exigeait aucun effort d'imagination. La colère, pour lui, c'était comme la morphine pour le drogué. Et, tout comme on n'a jamais entendu parler de morphinomanes qui se piquent quand cela se trouve, de temps en temps, ici et là, il lui fallait sa drogue au saut du lit et tous les jours. La pelle à sucre c'était sa seringue de Pravaz.

Quand on envisage la colère de cette façon, je veux dire quand on la considère comme une drogue, il n'est plus difficile d'éclairer en partie le comportement de mon père. Autrement, le mode d'éducation — si j'ose dire — qu'il pratiquait, reste impossible à comprendre. Nous n'avions, à la lettre, ni le droit de faire quelque chose, ni celui de ne rien faire. On n'a pas de peine à se figurer le nombre de colères qu'un tel programme permet dans une maisonnée comme la nôtre. Si on multiplie notre nombre, sept enfants plus ma mère et la bonne, par celui des choses qu'il était défendu de faire — sans compter celles qui sans être défendues d'office le devenaient à brûle-pourpoint pour les besoins de sa cause — on peut arriver à des résultats assez potelés. Il y atteignait. Nous avions beau être précautionneux à l'extrême... Quand nous l'étions trop et que les prétextes se réduisaient à la portion congrue, il en trouvait de ce genre-ci :

— Pourquoi me regardes-tu ? Tu trouves que je mange trop ? Je te dégoûte ?

Aucun de nous n'avait la voix assez puissante pour faire entendre ses dénégations au milieu des cris et du remue-ménage de vaisselle qui s'ensuivaient. Ce sujet épuisé, il prenait juste le temps de retrouver son souffle, et :

— Pourquoi as-tu l'air aussi idiot ? Pourquoi te crois-tu obligé de prendre l'air aussi crétin quand je te parle ? Pourquoi ? Réponds !

Réponds... Chaque fois qu'il posait une de ces questions à quoi il n'y a pas de réponse possible, il se mettait à hurler comme un maniaque : «Réponds ! Réponds !» Autrement il se moquait bien des réponses. De toutes façons, il n'en obtenait guère. Avoir la gorge serrée, cela n'est pas seulement une figure de style. Nous tentions péniblement d'y faire passer quelque chose, un oui ou un non suivant l'inspiration, mais nous n'émettions jamais que de faibles gargouillis. Parfois, les matins de haut sadisme, il allait jusqu'à demander :

— As-tu peur de moi ?

Question machiavélique. Chacun sait que l'amour filial ne laisse pas de place à la peur. Il ne fallait donc pas dire oui. D'autre part, il n'aurait peut-être pas fait bon répondre : «Non, je n'ai pas peur de vous.» Nouveaux gargouillis.

— Veux-tu me faire croire que je suis un ogre ?

Enfin ! une question honnête ! Nous poussions un «Oh non !» convaincu à l'extrême, et chacun reprenait son souffle pour la prochaine. Les entractes n'étaient pas gais. J'ai connu des individus soupe au lait qui n'étaient pas désagréables entre les crises. Plût à Dieu... Chez mon père il ne s'agissait, en somme, tout au long de la journée, que d'une seule et même colère, une colère d'une quinzaine d'heures, avec des montées en flèche à intervalles plus ou moins réguliers.

À la rentrée, je changeai de division. Il n'y avait, pour cela, que le corridor à traverser. Pourtant, malgré cette proximité, je n'allais plus avoir avec la mère Saint-Chérubin d'autres rapports que de brèves inclinations de tête. Nous en semblions aussi satisfaites l'une que l'autre. Souvent, quand je sortais de ma nouvelle salle, je voyais une petite fille, toujours la même, en pénitence près de la porte. J'étais aussi remplacée que la première femme d'un veuf remarié. (Quand on est fille d'un homme qui se mariera quatre fois, ce sont des comparaisons qui viennent toutes seules.) Ce que c'est que de nous!

Je n'ai pas gardé un souvenir bien vif de cette dernière année dans ce couvent-là. Les deux maîtresses de la division étaient gentilles. Nous disposions d'une bonne bibliothèque et, pourvu que nos devoirs fussent faits et nos leçons sues, nous pouvions lire autant que nous le désirions. Je n'en demandais pas plus. Depuis l'année précédente et les classes de français que je passais à lire l'Histoire de France, je nourrissais, à l'égard de Napoléon Bonaparte, une passion incandescente, de l'amour vraiment. Je dévorai tout ce que la bibliothèque comptait de livres à son propos. Mes nuits étaient remplies de rêves héroïques.

J'adorais, aussi, lire des histoires qui se passent dans des châteaux munis de souterrains, oubliettes, escaliers dérobés, couloirs secrets. J'aurais donné je ne sais quoi pour découvrir, quelque part, un mystérieux passage et je trouvais fort sot qu'on ait perdu l'habitude d'en creuser sous les maisons. Il me semblait qu'on avait ainsi sacrifié, bien légèrement, la meilleure raison de vivre et que, s'il m'avait été possible d'aller tâter, de temps en temps, de vieux murs qui se seraient ouverts, lorsque j'aurais appuyé le doigt là où se cachait le mystérieux mécanisme, tous mes malheurs m'eussent été indifférents.

En décembre, mon grand-père paternel mourut. À part «bonjour, bonsoir», il ne m'avait pour ainsi dire parlé qu'une seule fois: pendant l'un de mes deux séjours chez lui, il m'avait appelée dans son cabinet de travail.

— Veux-tu une pastille de menthe?

Il avait enlevé le couvercle d'un gros bocal bien rempli et m'avait donné une pastille. Une. Pendant une bonne partie de l'après-midi, j'avais attendu d'être rappelée. Vainement.

Or, ce matin de décembre, la première surveillante m'appela à l'écart. Ce genre de nouvelles s'annonçaient toujours de la même façon.

— Y a-t-il longtemps que vous avez vu votre grand-père?

Précaution qui partait d'un bon naturel mais précaution perdue: à notre âge, l'idée de la mort ne nous venait pas facilement. La pauvre bonne sœur devait insister de plus en plus lourdement, prendre des mines désolées pour qu'enfin l'on s'inquiétât. Quand, après de multiples circonlocutions, elle m'eut dit l'événement, je sentis tout mon univers sentimental basculer.

— Grand-papa de la Chevrotière?

— Non. Votre grand-père paternel.

Je m'abattis sur la guimpe de toile blanche en sanglotant.

— J'ai eu peur... j'ai eu peur... j'ai eu peur.

J'avais eu si peur, en effet, que je ne pouvais plus m'arrêter de le dire. La mère Marie-Jean me laissa pleurer tout mon soûl puis elle me remit sur pied. Elle me regardait curieusement. J'étais fort confuse de mon comportement. Habituée à l'inhumanité de la mère Saint-Chérubin, je croyais indispensable de me rattraper. Je cherchais quelque chose à dire en ce sens-là, sans rien trouver.

— Eh bien! il faut remercier Dieu et lui demander de vous conserver longtemps votre grand-père de la Chevrotière.

Réponse pleine de tendresse, de tolérance et de présence d'esprit qui m'émerveille encore. Je retournai à la division fort perplexe. Ce qui venait de se produire était-il vraiment possible? Y avait-il des religieuses capables de comprendre ce qu'est un cœur de petite fille, ses choix, son goût pour la réciprocité? Je ne l'aurais pas cru. Bien sûr, il y avait eu la mère du Bon-Conseil, mais je la croyais seule de son espèce, fourvoyée parmi une centaine de sœurs Saint-Chérubin.

Je ne la voyais plus, la mère du Bon-Conseil. On m'avait dit qu'elle n'était pas bien et qu'elle se reposait. Je n'osais guère m'informer d'elle. Nous avions eu tellement d'ennuis l'une par l'autre. D'un commun accord, nous avions commencé par nous éviter puis, tout à coup, je m'étais aperçue que cela n'était plus nécessaire. Elle n'était plus nulle part. Elle n'enseignait plus le français ni rien à personne. Même les jours de grande cérémonie religieuse, les prises de voile, les vêtures, elle n'était pas là avec les autres religieuses pour chanter le *Veni creator*.

Plusieurs d'entre nous avaient été ses élèves et il aurait été normal que l'on nous parlât d'elle de temps en temps, que l'on nous fît prier pour elle, puisqu'elle était malade. Jamais. Il aurait été normal, aussi, que je ne ressentisse pas d'embarras à m'enquérir d'elle. Mais, comment n'en aurais-je pas ressenti? Mes questions, je le savais bien, n'auraient provoqué que moqueries. À cette époque, il était bien difficile d'aimer, ici. Cela faisait trop rire ou trop grincer des dents.

Puis, un jour, elle vint me demander à la porte de la division. Malgré ses énormes jupes, elle paraissait mince à n'y pas croire. Mais elle avait les joues si rouges qu'elle semblait fardée. Elle entrait à l'infirmerie le lendemain, pour prendre le lit, et elle était venue me dire adieu. Enfin, je compris plus tard qu'elle était venue me dire adieu.

— Qu'est-ce que vous avez, mère?

— Des ganglions.

— Où ça?

— Partout.

— Mais c'est rien ça, des ganglions. Vous allez guérir vite.

— Oui...

Dans l'ombre du corridor, il me sembla que ses yeux brillaient de façon bien singulière.

— Vous pleurez, mère?

— Mais non.

Et pour me le prouver, elle se mit à rire d'une façon qui me parut un peu forcée, un peu misérable.

— Vous guérirez au printemps, vous verrez.

C'était une phrase que j'entendais souvent. Chacun la disait à maman quand elle reprenait le lit à l'automne.

La mère du Bon-Conseil ne guérit pas et je ne la revis jamais. Elle mourut en septembre. La nouvelle m'en parvint à mon nouveau pensionnat. Ainsi, elle avait eu son service funèbre dans cette chapelle que je connaissais si bien? La boîte de sapin blanc posée près de la grille du chœur devait être petite, petite... Je n'étais pas là. Je n'avais rien vu. Je n'y croyais pas. Au reste, c'était une externe de mon premier couvent et qui habitait tout près du deuxième qui m'avait jetée, en courant, cette nouvelle. C'était une erreur. Que connaissaient les externes aux affaires des pensionnaires? Et pendant des années, chaque fois que je rencontrai quelque ancienne compagne, je lui demandai s'il était vrai que la mère du Bon-Conseil fût morte.

En juin, je quittai le couvent sans savoir que je n'y reviendrais pas. Plus je grandissais, plus je voyais avec terreur venir les vacances. Les dernières nuits, au dortoir, personne ne dormait. Le bonheur rendait les fillettes nerveuses. Moi, c'était la peur qui m'empêchait de dormir. À compter de cette année-là, j'ai toujours souffert d'indigestion, de nausées ou d'entérite pendant les derniers jours avant les vacances. J'ignorais tout de l'influence du psychisme sur le physique et je me disais que ce n'était vraiment pas de chance d'être malade en plus d'être tellement ennuyée. Cette fois-ci, je dus quitter la grande salle de réception où avait lieu la distribution des prix avant la fin de la cérémonie. Je parvins tout juste à franchir la porte et je m'évanouis dans le corridor désert. Quand je revins à moi, j'étais étendue, et dans ma belle robe de mousseline blanche encore! sur le parquet poussiéreux de tous les pieds qui l'avaient foulé ce matin-là. Je trouvai étrange de me retrouver par terre sans savoir pourquoi ni comment, sans personne pour me relever ni me dire ce qui m'était arrivé. Pour un enfant, l'évanouissement est mystérieux. Il est important aussi. D'autant plus que les adultes refusent toujours de tenir compte de cette horrible chose qui lui a fait craindre de mourir. «Ce n'est rien, un petit évanouissement.»

Rien n'était comparable à la sensation de légèreté qui m'envahissait quand je reprenais connaissance. J'étais comme délestée de la moitié de mon poids. Plus rien ne demeurait des malaises qui m'avaient conduite jusque-là: cette clameur aux oreilles comme si j'avais été entourée d'une multitude de cigales géantes, cet obscurcissement de la vue qui survenait bien avant la perte de la connaissance — combien de fois suis-je sortie de la chapelle les deux mains devant comme une aveugle? — ce désir de mourir plutôt que de subir ce marasme plus longtemps, tout cela disparaissait en même temps que le sentiment de la pesanteur. Il ne me restait plus qu'un vide délicieux et un peu de sueur au front.

Je ne pus profiter longtemps de ce délice. Ma robe m'inspirait trop d'inquiétudes: j'avais un peu vomi, j'étais empoussiérée du haut en bas, un de mes prix Mame et Fils perdait sa couleur sous mes mains mouillées et rougissait tout. J'allai me laver le visage et les mains à l'évier de la salle des petites, je nettoyai ma robe avec mon mouchoir que je jetai derrière le calorifère aux croûtes. La distribution des prix s'acheva, enfin, et ma sœur Françoise finit de réparer ce qui était réparable.

Puis, je coiffai le merveilleux chapeau que grand-maman m'avait envoyé — il était d'usage que nos parents nous fissent tenir, la veille de la distribution des prix, un «chapeau du monde» comme nous disions. Ces chapeaux étaient disposés sur la grande table comme les cadeaux de noces d'une jeune épousée. Pour ma part, j'avais reçu une capeline de paille dont le rebord ajouré laissait voir une soie rose finement plissée. «C'est le plus beau» avaient décidé mes compagnes — et nous partîmes toutes les deux par la grande porte. Adieu!

Nous trouvâmes la pseudo-ferme paternelle considérablement agrandie: porcherie, clapiers, bâtiments divers, instruments aratoires non moins divers. De nouveaux lopins de terre nous appartenaient. Ce régime durait depuis pas mal de temps et ne rapportait presque rien. Au contraire, il coûtait des sommes folles. On ne s'improvise pas agriculteur, surtout quand on passe ses journées dans un bureau et qu'il faut se reposer pour l'exploitation sur des gens qui ne vous aiment pas et qui n'aiment pas ce que vous faites. Le cher homme partait de ce principe qu'on est toujours gagnant, si peu que ce soit, quand on trouve sur place presque toute l'alimentation de sa famille. Il n'arrivait pas à croire que les taxes, les instruments, les engrais, les salaires et tout et tout gonflaient le coût d'une tomate venue sur nos terres jusqu'à celui d'une précieuse mangue pieusement emballée sous les tropiques pour être mangée en Islande. En somme, ce détracteur de l'imagination et de ses méfaits fut un rêveur qui aura passé sa vie à serrer sur son cœur toutes les illusions qui erraient à sa portée.

Donc, l'argent filait vite. Pour aveugler les fuites, mon père avait imaginé de ne pas payer de toute l'année notre pension au couvent. Déterminé à ne pas nous sacrifier un seul veau, il prit le parti de nous envoyer dans une autre institution, quitte à solder ses dettes envers la première lorsque la ferme nous apporterait la fortune. Tout cela pour quelques centaines de dollars qu'il eût été facile de débourser. Mais, mon père chérissait ces petits drames. Il n'aimait rien tant que d'arpenter tout le rez-de-chaussée — cabinet de travail, antichambre, salon, salle à manger, cuisine, antichambre — comme un fauve, en vitupérant cette famille, si coûteuse qu'il n'arrivait plus à joindre les deux bouts, à preuve cette dette dont il ne savait pas quand il pourrait l'éteindre. Le lendemain, il achetait pour cinq cents dollars de je ne sais plus quoi que lui réclamait le fermier.

J'étais à l'âge où tout changement est attirant, où la plus grosse proie en échange de l'ombre la plus mince semble un arrangement équitable. Bref, nous demandâmes notre entrée dans un pensionnat beaucoup plus rapproché de la maison paternelle que le précédent. J'étais contente.

Ce changement m'aurait fort déplu au temps où grand-maman venait au parloir toutes les semaines. Mais, de cela, il n'était plus question. De toute la dernière année, elle n'était pas venue une seule fois. Grand-papa avait vendu la pharmacie de la rue Saint-Jean. Il s'occupait maintenant de celle de la rue de la Canardière acquise plusieurs années auparavant afin de créer une situation à mon oncle, le frère de maman. Mon oncle était un garçon charmant, mais léger, qui s'était contenté de crever d'ennui derrière son comptoir. Il avait laissé péricliter son commerce que grand-papa avait dû reprendre. Pour cette raison, grand-maman et lui vivaient maintenant très loin du couvent. Et puis, grand-maman était malade : hypertension grave causée, on est justifié de le croire, par la détresse où la plongeait le destin de sa fille. De plus, Diana l'ayant quittée pour se marier, toutes les bonnes, en regard de cette perle unique, semblaient inacceptables. Grand-maman passait donc de longues périodes sans domestique. Pour tant de raisons, il ne lui était plus possible de venir nous voir.

À cette époque, tout avait déjà commencé de s'écrouler autour de mes grands-parents. Pendant les dernières années de leur vie, les malheurs ne s'interrompirent jamais. Bon nombre leur viendront de mon père et c'est par lui aussi que leur en sera hâtée l'issue : la mort.

À propos de malheur, maman en connut un, cette année-là, qui l'affecta beaucoup. Sa meilleure amie, Claire, mourut sans qu'elles se soient revues depuis je ne sais combien de temps, probablement depuis ce que je n'ose appeler la réconciliation de mes parents. — Du côté maternel de ma famille il était bien évident que c'était de cette Claire que me venait mon prénom ; du côté paternel, on croyait qu'il me venait d'une grand-mère à eux ; en cela comme en presque tout, il y avait la version officielle et fausse, et la version secrète et vraie.

Maman nous parlait souvent de cette amie. Surtout la dernière année. Je ne sais de quelle façon elle avait de ses nouvelles, par grand-maman peut-être. En tout cas ces nouvelles-là étaient toujours fort extraordinaires. Il faut d'abord savoir que Claire avait perdu son mari une dizaine d'années auparavant. Il était mort presque subitement. Un soir, il s'était senti assez mal. Le médecin était venu, avait ordonné une potion. Claire veilla toute la nuit, mais au matin elle s'endormit et, lorsqu'elle reprit connaissance, son mari était mort ou mourant, je ne sais plus. De toutes façons, il était trop tard pour les derniers sacrements. Comme il était assez mécréant, Claire en conçut un vif remords.

— Si j'ai un jour la révélation que mon mari est sauvé, je ferai quelque chose, une bonne œuvre, avait-elle souvent répété à maman.

Puis, elle était retournée dans sa petite ville natale avec son jeune fils. Les années avaient passé. Il semble que la révélation espérée lui était venue tout à coup, je ne sais comment. J'incline à croire que ç'avait été par personne interposée. Bref, on apprit un jour qu'elle donnait sa belle et vaste maison à des sœurs qu'elle faisait venir de France. Il nous revint là-dessus des histoires édifiantes: le jour de l'arrivée, la supérieure de ces saintes filles tendit à Claire quelques petits sacs de jute à faire remplir de son.

— Tu ne sais pas pourquoi? Pour leur servir d'oreillers!

Malgré sa piété, ou peut-être à cause de sa piété, grand-maman n'aimait pas beaucoup l'ostentation. Elle ajouta un petit «hum!» accompagné d'un léger mouvement de la tête qui semblait dire: «Je n'aime pas beaucoup ces façons-là, mais cela ne me regarde pas.»

Cela se passait au début de l'été. En septembre, Claire mourut en trois jours. D'une fièvre typhoïde, prétendit-on. De rage et de dépit, m'a dit son fils. Il semble que la pauvre femme s'était fait tromper si affreusement qu'elle n'y avait pu survivre. À partir de sa générosité, on lui avait créé de lourdes obligations: «Vous n'allez pas me donner la bride sans me donner le cheval!» Surtout, on l'avait chassée de cette maison où il était bien entendu qu'elle se gardait deux pièces hors clôture mais à l'ombre du cloître. Quelle importance cela ne devait-il pas avoir pour cette femme mystique que de vivre ainsi dans sa propre maison devenue monastère! Mais les sœurs, aussitôt installées, lui avaient signifié son congé: leur sainte règle ne leur permettait pas de vivre sous le même toit que des laïcs. Sous l'œil narquois de toute la petite ville, Claire dut déménager. Elle ne s'en remit pas. Je pense bien que maman était un peu au courant de toutes ces catastrophes. «Pauvre Claire, soupirait-elle sans cesse, pauvre

Claire, comme j'aurais voulu la revoir!»

De toutes ses amies d'enfance, maman ne voyait personne. J'ai reçu, il y a peu, une lettre de l'une d'elles, Louise de Grandpré, qui me dit: «Après son mariage, nous ne nous sommes jamais revues.» Même si maman avait eu la liberté de sortir ou de recevoir, je crois qu'elle s'y serait refusée dans la crainte d'exposer, aux yeux des témoins de son enfance heureuse, la tristesse de sa vie.

De-ci de-là, néanmoins, l'un de ces témoins surgissait: madame Lépine et ses enfants, tous si bruyants que maman devait s'aliter le lendemain de leur visite; madame O'Leary et sa soeur Cornélie Dostaler qui, bien avant les autres femmes, conduisait sa voiture «comme un homme» et tournait gaillardement la manivelle, tandis que ses deux neveux, Dostaler et Walter, blonds comme des chérubins, se tenaient sagement sur la banquette arrière. En tout et pour tout, sept ou huit visites en dix ans.

Pour l'instant, nous changions de couvent. Je me souviens de mon état d'esprit: follement optimiste. Il me semblait que j'échappais au danger de retomber sous la férule d'une quelconque soeur Saint-Chérubin. Françoise ne partageait pas mon enthousiasme. De nous deux, c'est elle qui avait vu juste.

La première religieuse à qui j'eus affaire s'appelait mère Saint-Protais (nous n'employions pas l'article devant «mère» dans ce couvent-ci; dire la mère était même fort mal entendu; on prétendait que ça faisait vulgaire et cette opinion trouvait son origine, je pense, dans l'usage que l'on fait de l'article «la» devant des mots comme: Pompadour, Champmeslé, Brinvilliers, à moins que l'explication ne doive être cherchée du côté de la mère Michel qui avait perdu son chat).

— J'avais une amie qui est entrée en religion dans la communauté dont vous venez, me dit mère Saint-Protais. Je ne sais si vous la connaissez: mère Saint-Chérubin.

Patatras! Cela s'annonçait bien. J'appris du même coup que mère Saint-Protais me ferait la classe. Dans ce petit pensionnat, il n'y avait pas de spécialistes. La même religieuse nous prenait en main le matin avec le catéchisme et nous laissait le soir après la géographie. De plus, elle nous surveillait durant l'étude. De sorte que, si l'on se déplaisait mutuellement, on se déplaisait toute la journée.

Je m'aperçus tout de suite que les religieuses que je quittais n'inspiraient aucune sympathie à celles chez qui j'arrivais. A priori, mère Saint-Protais décida qu'assurément je ne savais presque rien, que j'étais fort en retard pour mon âge et qu'elle aurait du mal à me faire entrer quelque chose dans la tête. Rien qu'à me regarder, elle voyait que je n'étais pas à la hauteur. C'est qu'elle avait toujours été d'une exigence peu commune, surtout quand il s'agissait du français. Ses classes avaient toujours été renommées pour la force des élèves, surtout quand il s'agissait du français. Bref.

La première journée fut employée à choisir les fillettes qui feraient partie de la section A de la classe et celles qui feraient partie de la section B — celles-ci n'étant pas aptes, en principe, à être promues l'année suivante. Je sentis tout de suite que mère Saint-Protais avait décidé de me placer dans la section B. J'avais avec moi ce que nous appelions pompeusement un diplôme: c'était une sorte de certificat attestant que j'avais terminé l'année précédente en bonne place. Mais qui pouvait se fier aux diplômes de la communauté d'où je venais?

Vers le milieu du jour, il ne restait à choisir qu'entre Fernande et moi. Pas question de nous prendre toutes les deux en section A, car on ne considérait pas le seul mérite. On considérait aussi le nombre: tant de fillettes en section A, tant d'autres en section B.

— Je vais vous faire passer un petit examen sur les verbes irréguliers. Celle des deux qui les sait le mieux sera en section A.

J'avais appris les verbes irréguliers avec la mère du Bon-Conseil — c'est dire si je les savais par cœur — il y avait maintenant trois ans. Un tel choix me surprit. À cet âge, on est, devant le savoir, comme le parvenu devant l'argent: «J'ai cela depuis longtemps.» Dans mon for intérieur, je décidai que j'étais tombée dans une pétaudière où l'ignorance sévissait.

On pense bien que cela commença tout de suite par les imparfaits du subjonctif.

— Fernande, l'imparfait du subjonctif du verbe fuir?

— Que je fuiye, que tu fuiyes ...

— Claire?

Très chère mère du Bon-Conseil, comme je sentais vivement, à ce moment, l'amour et la reconnaissance que je lui portais.

— Que je fuisse...

— Fernande, du verbe clore?

— Que je closisse...

— Il n'y en a pas, dis-je avec une belle assurance, car j'étais sûre maintenant que je n'en manquerais pas un: je les voyais tous ces verbes irréguliers, je les entendais, avec les personnes, les nombres, les temps, les modes, les espèces et les formes ; tous : les accessibles, les hasardeux, les farfelus.

— Du verbe mouvoir ?

— Il n'y en a pas, dit Fernande qui venait de se souvenir que, lorsque c'est trop difficile, il n'y a pas d'imparfait du subjonctif.

Il arrivait que mère Saint-Protais dût consulter son manuel pour décider qui de nous deux avait raison, ce qui me donnait à penser, quoique je fusse bien bousculée. Encore que ce tournoi fût commencé depuis le milieu de l'après-midi, la journée se termina sans verdict. Le lendemain, dès après le catéchisme :

— Fernande, l'imparfait du ...

J'eus, tout à coup, le très vif pressentiment qu'une seule mauvaise réponse de ma part me vaudrait la section B. Mère Saint-Protais avait, maintenant, la voix fielleuse :

— Et vous, la savante ?

Le verbe coudre, le verbe paître, le verbe équivaloir ! J'étais toujours questionnée en deuxième. Je sentais que si Fernande répondait une seule fois que je cousisse, que j'équivalusse, l'examen s'arrêtait et mon sort était réglé parce qu'elle les connaîtrait bien assez, ses verbes irréguliers. Enfin, il fallut mettre un terme à cette joute. J'étais épuisée, j'avais brûlé tout mon phosphore, mais je n'avais pas manqué une seule réponse.

— Oh ! mère du Bon-Conseil, mère du Bon-Conseil, me répétais-je intérieurement comme une pieuse et amoureuse litanie, sans savoir qu'elle était en train de vivre sa dernière semaine. J'avais, aigu, le sentiment de lui devoir quelque chose d'important et dont je venais juste de saisir l'importance.

Fernande, qui avait appris ses verbes irréguliers l'année précédente, avec mère Saint-Protais, n'était pas, je pense, occupée à ce genre de litanies.

— Vous serez donc en section A. Je le regrette, car Fernande est très forte en arithmétique.

Nous n'avions pas été questionnées sur l'arithmétique et je trouvais la réflexion bien digne de son auteur. J'étais dégoûtée. Quoi qu'il pût arriver, après cela, j'avais perdu confiance et dans le savoir de mon institutrice et dans sa justice, et dans toute parole qui pouvait sortir de sa bouche. Pour tout dire, j'avais retrouvé la mère Saint-Chérubin. Les serpents de lit ne pouvaient pas être loin.

Mère Saint-Protais avait d'autres lubies. C'était surtout contre la nourriture qu'elle en avait. À l'entendre, tout aliment rendait l'esprit obtus. Il ne fallait pour ainsi dire pas manger. À onze ans, on a faim. Mais les besoins de la croissance ne la touchaient pas. Nous étions toutes accusées de nous empiffrer, de nous gorger, nous étions gavées. Si une enfant ne pouvait réciter sa leçon :

— Vous avez encore mangé comme un porc, vous avez l'esprit obtus, disait-elle avec une grimace qui semblait vouloir écarter son long nez du voisinage de sa bouche.

La honte submergeait l'interpellée : elle avait le sentiment de se complaire bassement en des choses d'une matérialité dégoûtante. Au repas suivant, elle osait à peine grignoter. Pour ma part, même si je me souciais de mère Saint-Protais comme d'une guigne, je ne craignais rien tant que ces attaques proférées devant mes compagnes et dans un vocabulaire injurieux à n'en pas croire ses sens. Je me mis à fondre. Un matin sur deux, j'avais en me levant toutes sortes de malaises et, au moins une fois par semaine, je devais sortir de la chapelle à tâtons, les deux mains devant.

— Ce sont des indigestions, vous mangez trop, me disait-elle d'un air écœuré.

Je commençais à m'énerver. Quand nous allions à la chapelle, j'avais si peur de me trouver mal que je n'arrivais plus à respirer. Résultat : je me trouvais mal presque tout de suite.

— Mère Préfète sera avec nous pour la prière, ce soir, nous dit un jour mère Saint-Protais. J'interdis à quiconque, pour quelque raison que ce soit, de sortir de la chapelle. Celles qui ont l'habitude d'avoir des faiblesses feront bien de se le tenir pour dit.

Je me le tins si bien pour dit qu'avant même d'être rendue à mon banc j'étais déjà écrasée par la fatigue et par le pressentiment d'un malheur. La plus grande partie des oraisons se passa tant bien que mal. Il n'en restait que pour dix minutes à peine, lorsque je ressentis les prodromes de ce que je craignais. Avec ce qu'on appelle à juste titre l'énergie du désespoir, je me cramponnai au prie-Dieu, les bras noués autour de l'accoudoir et tentai, pour y rétablir la circulation sanguine, de courber la tête autant que possible. Puis je perdis le sens. Quand je le retrouvai, j'étais toujours cramponnée à mon prie-Dieu mais j'avais fait pipi sur le saint parquet de la chapelle. Ce qui m'attira, on l'imagine, des injures bien plus graves que toutes celles que j'avais jusqu'alors connues.

Non, jamais je n'ai ressenti une fatigue chronique comparable à celle de cette année. Pourtant, j'étais forte et robuste au fond. Mais j'avais trop de combats à mener, et à jeun encore.

D'abord, maman était de plus en plus malade. Elle prétendait toujours être sur le point de se rétablir mais je commençais à écouter ces prédictions d'une oreille soupçonneuse. Ensuite, mon père avait acheté une voiture (je n'ai pas encore dit qu'en l'an de grâce 1925, au printemps, le ciel et le gouvernement nous avaient fait don d'une route qui nous reliait à la civilisation ; une petite route pas plus large que la main, mais qui m'apparaissait comme une audacieuse réalisation du génie humain) et tous les dimanches il venait au parloir avec Dine et les trois plus petits. Nous nous installions tous dans un coin de la pièce, un même ennui mortel posé sur le visage. Les bonnes sœurs ne tardèrent pas à repérer mon père : c'était celui qui vociférait contre ses filles. Résultat : mépris des bonnes sœurs pour les filles. Et, puisqu'il faut bien le dire, il n'y avait pas de grilles dans ce parloir. Il est arrivé à mon père d'en profiter devant tout le monde, et sans vergogne encore. Enfin, pour tout finir, pendant plus de six mois, il refusa obstinément de payer la facture des manuels que nous avions dû acheter, ma sœur et moi.

— Vous avez eu l'argent ? demandait mère Saint-Protais à chaque retour de parloir.

Je portais la main à ma bouche comme le fait, au théâtre, l'ingénue qui vient d'être prise en flagrant délit d'étourderie.

— J'ai oublié...

D'autre part, ma sœur n'était pas plus appréciée que moi. Implicitement, on me faisait participer aux reproches qu'on lui faisait et vice versa. La religieuse qui l'avait prise en main s'appelait mère Saint-Pamphile.

C'était la championne de l'insinuation. Elle nous grondait, en public, pour des crimes qu'elle ne désignait que par des «Vous savez ce dont je parle», des «Je n'ose le dire devant vos compagnes, mais vous me comprenez...» qui laissaient place aux soupçons les plus abominables.

— J'ai trouvé près de votre lit, dit-elle un jour à Françoise, des bassesses inouïes que la bienséance m'empêche de nommer. Rien que d'en parler, le cœur me soulève. Il faut que vous soyez bien dégoûtante, etc.

Toutes celles qui étaient «au courant» supputaient l'âge de Françoise et croyaient, bien entendu, que c'était «ça» que la bonne sœur avait trouvé. La pauvre Ti-Fan ne savait plus quelle contenance prendre. De larges taches violacées naissaient sur son visage et sur son cou, comme cela lui arrive encore quand elle est bouleversée.

Forte de sa bonne conscience, elle s'en fut, à la récréation suivante, demander à mère Saint-Pamphile de lui dire, une bonne fois, ce qu'on avait trouvé près de son lit.

— Des ongles de doigts de pied, murmura la chère femme, dont ce fut le tour de rougir de façon intolérable. Enfin, par bonheur, elle n'avait tout de même pas été obligée de prononcer le mot orteil qui déshonore, nous savons tous cela, la bouche par où il passe.

Je fus fort secouée par cette histoire. Je tentai de la raconter en sa vérité à quelques petites filles pour leur faire comprendre qu'il ne s'agissait pas de ce qu'on pouvait croire, mais je fus mal reçue. Puisque mère Saint-Pamphile avait dit qu'il s'agissait de bassesses inouïes (dans notre famille, nous n'avons plus jamais désigné les rognures d'ongles autrement; chez moi, par besoin de raccourci, nous disons des inouïes) c'est que, bien qu'on ne s'en fût pas douté auparavant, les ongles d'orteils étaient quelque chose d'horrible. Et quand, dans un pensionnat, on tient quelque chose d'horrible, on ne lâche pas à la première secousse. Pour cela, il faudrait que les fillettes soient imperméables à l'ambiance. Ni mère Saint-Pamphile ni mère Saint-Protais n'avaient à déplorer un insuccès aussi cuisant.

J'ai fait allusion, tout à l'heure, aux manifestations de la puberté. Elles préoccupaient tout le monde. Il y avait celles pour qui c'était arrivé et celles qui attendaient encore. Parmi ces dernières, il y avait celles qui savaient et celles qui, selon l'expression employée également dans mes deux pensionnats, ignoraient le mal. Moi, j'ignorais. Ou plutôt, je savais que j'ignorais quelque chose, ce qui me permettait de faire semblant de savoir. Cette attitude porta ses fruits : au bout d'une semaine dans ce nouveau pensionnat, je savais ce qui m'attendait. Malheureusement pour moi, j'avais surtout appris qu'il s'agissait là d'une chose honteuse dont on peut rire entre fillettes, mais qu'il est impossible de discuter avec les adultes. Ma condition femelle se mit à me sembler absurde, car je m'étais informée à propos des garçons pour savoir s'ils subissaient une sorte d'équivalence et j'avais appris qu'ils ne subissaient rien du tout. Encore une histoire bien mignonne ! Voilà ce que me réservait l'avenir, tous ces ennuis avec, en sus, la perspective d'épouser un homme qui, à l'usage, serait probablement pour moi ce qu'était mon père pour ma mère. S'il y eût une époque de ma vie où j'ai ressenti de la haine pour les hommes, ce fut celle-là. Mais tout passe…

Un matin, l'une de nous s'éveilla « avec du nouveau »

et, ne sachant que faire, s'en fut se confier à mère Saint-Protais.

— C'est une punition de Dieu, s'exclama celle-ci en brandissant les poings.

Ce que la fillette vint me raconter durant la récréation. Je fus bouleversée : au contraire de ce que j'avais compris, cela n'arrivait donc pas à toutes, puisque c'était une punition. D'autre part, pensai-je immédiatement, comme on est toujours puni par où on a péché, c'était vraiment pas rien quand ça vous arrivait. Je ne trouvai rien là, cependant, d'illogique. Nous étions si habituées à avoir honte de notre corps, à penser que tout ce qui s'y passait était la punition de quelque crime inconnu que même la pousse d'un poil nous bouleversait. Quand je m'aperçus qu'il m'en venait aux aisselles et au pubis, je fus désespérée. Qu'est-ce que j'avais bien pu faire ? J'avais beau m'endormir les mains aussi éloignées du corps que la largeur de mon lit me le permettait, voilà que les punitions me tombaient de partout.

J'essayais de ne pas penser à tout cela, car je savais que les mauvaises pensées sont aussi coupables que les mauvaises actions, et je marchais les fesses serrées, j'évitais de m'asseoir sur les calorifères chauds pour ne donner aucune chance à la PUNITION de s'égarer sur moi. J'avais bien assez de mes trois poils. À la fin, je finis par apprendre que cette flétrissure était inhérente au péché originel et qu'elle frappait toutes les femmes. Il aurait été même assez mauvais de n'en être pas frappée, car cela aurait signifié qu'on n'en avait pas pour longtemps à vivre. C'était la mort ou la souillure. Bon !

Si cela arrivait à toutes les femmes, ça restait quand même une honte. Comment pourrais-je jamais me décider à questionner maman sur un sujet aussi scabreux, maman si scrupuleuse, si timide en ces sortes de choses, si marquée, elle aussi, par les sornettes de bonnes sœurs.

Si d'aventure je me sentais le ventre douloureux, tout de suite l'angoisse me stranglulait. Que ferai-je le moment venu? me demandais-je sans cesse, tout en essayant de chasser cette autre mauvaise pensée. Le moment venu, je ne trouvai pas le courage d'en parler. Cela m'advint pendant les vacances suivantes et il n'y eut que la bonne pour s'en apercevoir. Je caressai, pendant quelques jours, l'espérance qu'elle se chargerait de la confidence, mais il semble qu'elle n'avait pas plus de courage que moi. Je me tirai d'affaire en razziant les tiroirs de mes sœurs aînées qui avaient eu la veine de ne pas être mises au courant de la théorie de la punition. D'autre part, maman vivait ses derniers mois. Je pense qu'elle nourrissait, au sujet de ses enfants, de plus importantes inquiétudes. Peut-être, aussi, ne me voyait-elle pas aussi grande que je l'étais. Ne doit-on pas trouver ses enfants bien petits quand on s'apprête à les quitter?

Pour l'instant, j'avais encore presque un an devant moi avant que cela ne m'arrive. Je m'installais dans mon nouveau pensionnat et j'avais, chaque jour, d'amers motifs de regretter l'autre. Ma plus grande déception fut d'apprendre que l'Histoire de France n'était pas au programme. Je crus d'abord qu'elle n'était pas au programme de cette année, mais qu'elle y serait la suivante ou une autre.

— Nous n'apprenons pas l'Histoire de France ici, me dit mère Saint-Protais en martelant chaque syllabe avec, toutefois, deux plus gros coups de marteau sur i-ci.

S'ensuivit un long bla-bla sur ce pays infâme qui avait chassé ses prêtres et ses religieuses. Même qu'on avait dû en recueillir une bonne partie par pure charité. À l'entendre, on eût cru qu'elle nourrissait les proscrits de sa bourse et que, ces gens-là ne sachant pas que la nourriture obscurcit l'esprit, cela lui coûtait fort cher. Je me disais tous les jours que, si j'avais été le petit père Combes et qu'il m'avait fallu trancher le sort des sœurs Saint-Protais et Saint-Chérubin, la porte n'eût pas été assez large.

Je continuai donc de potasser, en cachette, ma vieille histoire de France, à quoi j'avais arraché la couverture pour la remplacer par un cartonnage où j'avais écrit «Histoire du Canada». (Mère Saint-Protais faisait les pupitres, elle aussi, mais il semble qu'elle fut toujours abusée par ce subterfuge.) Seulement, depuis le temps, mon plaisir commençait à perdre de sa fraîcheur. Pour le renouveler, j'imaginai de chercher dans le diction-naire les noms de mes héros favoris. Cela m'amenait à d'autres noms qui m'amenaient à d'autres, sans que je puisse en voir la fin. La fin vint autrement.

— Que cherchez-vous dans le dictionnaire? Des mots sales?

Je n'étais guère éveillée, j'avoue, car je n'aurais pas trouvé ça toute seule. Au demeurant, les mots que je connaissais, je n'avais pas besoin d'en chercher la défi-nition et ceux que j'ignorais, comment aurais-je pu les trouver? Maintenant, quand j'y repense, je comprends le tourment de la pauvre sœur. Les mots sales lui donnaient un mal du tonnerre de Dieu. Il s'en trouvait partout, jusque dans l'Évangile. Car il y avait cette différence parmi tant d'autres entre mon premier pensionnat et celui-ci qu'on y apprenait l'Évangile du dimanche et qu'on le récitait le lundi matin. Décision prise sans réflexion suffisante. À la fin de novembre, arrivait sans qu'on puisse rien faire là contre, le vingt-quatrième dimanche après la Pentecôte.

«Malheur aux femmes enceintes et à celles qui nourriront en ces jours-là» y est-il écrit en toutes lettres et en toute impudence. Et c'est, ma foi, Jésus lui-même qui parle. On peut croire qu'il n'eût pas employé ces mots sales, s'il eût été canadien-français. Mais Jésus était juif et les Juifs, dame!

Cela ne se passera pas sans grabuge, me dis-je dans mon petit quant-à-moi.

Le lundi de la vingt-quatrième semaine après la Pentecôte, tout le monde était nerveux. Pourvu que cela ne tombe pas sur moi, pouvait-on lire clairement sur tous les visages. Je ne sais plus sur qui cela tomba, mais ce que je sais encore, c'est que les yeux de mère Saint-Protais n'arrivaient plus à bouger assez vite, à droite, à gauche, aux premiers rangs, aux derniers, pour être sûre, mais là sûre, de surprendre le moindre sourire.

— Une Telle, vous avez souri. Pourquoi?

Ce n'était pas que la pauvre Une Telle trouvât cela bien drôle, ces menaces évangéliques mais, sous l'œil inquisiteur de ce Torquemada en cornette, elle n'arrivait plus à contrôler ses grands zygomatiques, ni les petits, ni rien.

Cette alerte passée, on pouvait respirer jusqu'au troisième dimanche du Carême, alors que tout recommençait. «Heureux le sein qui vous a porté et les mamelles que vous avez sucées.» Pouah!

Même la géographie réservait des surprises désagréables. L'île de Sein! Maudits Français, je vous demande un peu, toujours obsédés. Mais il y avait pire: les Américains du Sud n'étaient-ils pas assez malpropres pour appeler un de leurs lacs «Titicaca»?

— Le lac TiticaNa, dit la bonne sœur à ma stupeur complète.

Et toutes les petites filles, soulagées d'un grand poids à la pudeur, de répéter «TiticaNa». Personne n'était dupe, ni la bonne sœur ni les enfants. Mais il ne s'agissait pas d'être dupe ou non. Il s'agissait de ne pas rougir. Et peut-être, aussi, de manifester, de si loin que la distance rendait la chose fort platonique, mais de manifester, quand même, notre réprobation.

Je ne mentionne que pour mémoire Pie le Septième que tous les écoliers québécois de mon temps ont bien connu en étudiant l'Histoire de l'Église. (J'ai aussi entendu, au cours d'un sermon: «Le pape Pie, septième du nom...» et toute l'assistance pouffa.)

J'oubliais la lettre Q. Nous prononcions «que» partout, dans toutes les écoles, les garçons, les filles, et il a fallu que mon mari en soit aux mathématiques transcendantes pour apprendre qu'ailleurs dans le monde on prononçait «cu». Moi, j'eus la chance d'être affranchie bien plus jeune que lui par une petite fille qui arrivait d'un autre pensionnat — tenu par des sœurs françaises, ça n'est pas possible autrement — où l'on disait par une sorte de pudeur sadique «lettre indécente».

— Pourquoi lettre indécente?

— Parce que la vraie prononciation ce n'est pas «que», c'est «cu».

— Tu es sûre?

— Oui, j'en suis sûre. Mais ne le dis à personne.

Je n'étais pas habituée à beaucoup de largeur d'esprit mais tant d'étroitesse me consternait.

Pour me consoler, je me mis à écrire des romans. Des romans napoléoniens. J'en écrivais trois pages puis j'avais une meilleure idée et j'en commençais un autre. Il s'agissait toujours de jeunes filles héroïques — habituellement nièces inconnues de Napoléon car, incapable dans mon ignorance des choses de la vie, d'inventer des filles naturelles, je me rabattais sur des nièces secrètes issues du mariage Jérôme-Élisa Paterson — sans cesse en train de donner leur vie pour sauver leur oncle qui pourtant avait toujours refusé de les recevoir. Sœur Saint-Protais ne fut pas longue à mettre la main sur mes carnets. On pourrait penser qu'un être normal m'eût dit : «Vous aimez écrire, c'est fort bien, continuez, c'est en forgeant etc.» Pensez-vous ! Elle me fit un long sermon d'où il ressortait : primo, que j'avais des goûts inquiétants ; secundo, qu'il était impossible que j'aie trouvé ce que j'écrivais toute seule car j'étais bien trop sotte pour jamais pouvoir écrire un livre de ma vie ; tertio, qu'il n'y avait jamais eu de rois au Canada et que mon Napoléon était une stupide invention. Sidérée, je perdis le fil de son discours et n'entendis pas s'il y avait un quarto ni un quinto.

Si j'excepte la mère Saint-Chérubin, je n'avais jamais rencontré, à mon pensionnat premier, ce que l'on appelle si justement l'ignorance crasse et, là, on s'était bien gardé d'attribuer des cours à cette ignorante : sauf le catéchisme (mais le catéchisme ce n'était que des réponses apprises par cœur et régurgitées par de petites machines à paroles) plus — il faut être juste — quelques sermons sur l'importance de conserver notre pureté et l'importance égale de donner nos sous à la Sainte-Enfance. C'est dire si l'ignorance de mère Saint-Protais, et sur un sujet qui me passionnait tant, souleva mon mépris. À partir de ce moment, elle pouvait bien raconter n'importe quoi, rideau! cela ne m'intéressait plus. Je n'étais plus concernée. Au cours de mes recherches dans le dictionnaire, j'avais trouvé le mot «autodidacte». Qui s'instruit sans professeur. C'était ça qu'il me fallait. J'allais devenir autodidacte. C'est une étrange décision à prendre, quand on est à l'école et qu'on a onze ans, mais avec cette bonne sœur-là il y avait vraiment trop de risques. Je ressentais envers elle la même suspicion qu'envers mon père : tout ce qu'elle disait ne pouvait être que faux.

J'improvisai, au gré de ma fantaisie, mon petit programme. Si la matière me plaisait, j'essayais de la creuser le mieux possible — et j'en passais des heures dans le dictionnaire! — sinon, je m'en tenais au minimum. Comme elle ne comprenait pas le sens de ce qu'elle enseignait, mère Saint-Protais exigeait le mot à mot et pour les leçons et pour les concours de fin de mois. Mon système ne menait pas au mot à mot et j'étais toujours parmi les dernières.

Les rédactions françaises me donnaient un plaisir sadique. Chaque fois que je découvrais un mot dont l'orthographe prêtait à de possibles erreurs, je le notais. J'en avais de coquets que je refilais un à un. Imbécillité, par exemple. En me tortillant beaucoup, j'arrivais à placer imbécillité assez souvent. Ma copie me revenait chaque fois avec un trait rouge sur le deuxième *l*. Cela me faisait perdre un point, mais c'était bien le dernier de mes soucis. Car je ne récriminais pas. Toute cette débauche d'imagination ne me servait qu'à nourrir une sorte de délectation morose, qu'à me prouver combien j'avais raison contre cette sotte. La semaine suivante, je recommençais avec caparaçonner ou voire. Ma copie m'était rendue avec de rouges carapaçonner et voir. Ou bien, pratiquant une sèche rigueur, j'écrivais «il faisait soleil» ou «il faisait froid» pour me donner le plaisir d'être corrigée par «il faisait un soleil ardent» ou «il faisait un froid glacial» et d'attraper, en marge, le «Vous n'avez aucun style» que j'attendais. Au fond, c'était un assez triste amusement, et je pense que ce fut le moment de ma vie où j'ai eu le plus besoin d'un psychiatre.

Mais le plus triste de tout, c'est que la chère femme s'était donné la réputation de former «pour le français» des élèves que, plus tard, on reconnaîtrait entre les autres.

Un soir de décembre, je me sentis malade à la chapelle. Je dus sortir dans le corridor où mère Saint-Protais, qui m'avait suivie, me trouva assise par terre. Je n'avais pu faire un pas de plus.

— Levez-vous, me cria-t-elle, levez-vous. Si vous vous voyiez assise par terre. De quoi avez-vous l'air?

Elle me traîna dans une salle d'étude, en me disant que je me conduisais comme un animal, vraiment, qu'elle m'avait trouvée vautrée sur le parquet et que, d'ailleurs, à manger comme un porc, je ne pouvais guère faire autrement.

— C'est encore une indigestion! Vous êtes toujours malade d'indigestion, c'est une honte!

Je tentai d'expliquer que je toussais beaucoup depuis un jour ou deux.

— Tout le monde peut faire semblant de tousser.
Bon!

Le lendemain, quand sonna la cloche, je m'assis dans mon lit pour le cœur à Dieu, comme les autres. Mais ça n'allait pas fort. Tout à coup, je vis mère Saint-Protais qui se précipitait vers moi.

— Couchez-vous! Voulez-vous bien vous coucher! Et ne vous grattez pas.

J'avais donc quelque chose qui se voyait? Dès qu'elle se fut éloignée, je saisis mon miroir. J'avais la rougeole. J'étais caparaçonnée de taches rouges et cela prouvait bien l'imbécillité de mère Saint-Protais. J'étais ravie. C'était la rougeole, bien sûr, qui me faisait tousser et la sœur serait bien obligée d'admettre que je n'étais pas une simulatrice. Il est vrai qu'on peut faire semblant de tousser, mais on ne peut guère faire semblant d'avoir la rougeole. Je me disais que mère Saint-Protais ne pourrait s'exempter de m'offrir des excuses.

Des excuses?

— Hier, quand elle a dû sortir de la chapelle, j'ai tout de suite pensé qu'elle couvait quelque chose, dit-elle d'une voix pleine de componction à la Supérieure qu'on avait mandée à mon chevet.

Elles me souriaient avec tendresse. Elles m'appelaient «pauvre petite».

— Pauvre petite, dit aussi mon père quand il vint me chercher, elle fait vraiment peine à voir. Te sens-tu bien mal?

Je n'avais jamais entendu cette voix de lait et de miel et je ne répondis pas. Bref, on me roula dans des couvertures, on me hissa dans la voiture de mon père et je partis.

— Voilà ce que c'est que de toujours être constipé,

on prend tout ce qui passe. Mais tu es comme ta mère, tu ne veux pas m'écouter. Réponds quand je te parle!

Enfin, nous arrivâmes. Je traversai une maison déserte. Dine m'avait dressé un lit dans la chambre de mon père, où personne d'autre que lui n'aurait le droit d'entrer. De cette façon il pourrait mieux m'avoir à l'œil que si j'étais dans ma chambre, et il espérait ainsi empêcher que je ne contamine les trois petits. Je me couchai. Puis, il partit à son travail.

— Il faut bien que quelqu'un te soigne, dit maman en ouvrant ma porte. Je ne vais pas te laisser seule toute la journée et puis, quand il y a la rougeole dans une maison…

En effet, quelques semaines plus tard, les petits y passèrent tous les trois. Mais ils ne furent pas obligés de coucher dans la chambre paternelle, eux.

C'était une vaste chambre à larges fenêtres par où le soleil entrait à profusion et me venait tomber juste dans les yeux. Mais mon père professait qu'il était démodé de croire que le soleil fût nuisible aux yeux des rougeoleux. De l'air, de la lumière. De la lumière, je n'en manquais jamais, car il lisait une partie de la nuit. Chaque fois qu'il s'éveillait, trois ou quatre fois par nuit, il rallumait et il lisait. Cela m'éveillait et, comme je m'ennuyais, je lisais aussi. Cela dura le temps d'une rougeole, après quoi, moi qui étais déjà un peu myope, je n'y voyais plus beaucoup mieux qu'une taupe. De plus, j'avais manqué de sommeil au point de me sentir aussi fatiguée que si j'avais été aux portes de la mort.

Car mon père lisait. Il lisait même beaucoup. Mais je ne lui ai jamais vu une œuvre de valeur entre les mains —

il avait pourtant dû, à un certain moment de sa vie, potasser quelques-uns des grands Anglais, car il citait parfois Shakespeare et même Milton. Il achetait ce que les Américains désignent si bien du mot «trash» et qu'ils s'entendent également bien à publier : des histoires de meurtre ou des trucs de charlatans sur la santé et les mille horreurs qu'il faut manger pour la conserver. Tout cela présentait le double avantage de répondre à ses goûts — hélas! — et d'être toujours écrit dans une langue — l'anglais — que nous ne possédions pas encore trop bien.

Il lisait beaucoup, mais dès qu'il surprenait l'une d'entre nous un livre à la main, il se fâchait tout rouge. Petite, je n'arrivais pas à concilier ces deux attitudes. J'ai fini par comprendre que les femmes ne doivent pas lire. C'est une occupation qui doit demeurer strictement masculine. Si on laisse les femmes lire, elles risquent, primo, de s'imaginer qu'elles comprennent et, secundo, d'en conclure qu'elles ont un cerveau dans la tête. Or, les femmes n'ont rien dans la tête.

— Au fond, tout ce que les femmes ont de plus que les animaux, c'est qu'elles parlent, professait-il.

Il est bien entendu que rien ne saurait être plus pénible que la cohabitation avec des animaux parlants qui refusent leur condition et se mêlent de vouloir lire comme les hommes. Si au moins son mépris des femmes l'avait poussé à se taire pour ne pas nous ressembler! D'autre part, car cet être était la contradiction incarnée, il exigeait que nous fussions bonnes premières en classe, tout comme si nous avions été pourvues d'un véritable cerveau en parfait état de fonctionnement, et tout et tout. Mais il ne s'agissait peut-être là que du désir de recevoir juste mesure pour son argent

— de recevoir, que dis-je, plus que pour son argent : il ne rêvait que de nous voir faire deux ou trois années dans une. Au fond, il maudissait cette ridicule époque qui exigeait des filles qu'elles fussent instruites. Si nous parlions, entre nous, de telle ou telle matière que nous apprenions :

— Je me demande à quoi ça vous sera utile pour servir un homme, jetait-il d'un ton méprisant.

Servir un homme ? C'était la moindre de mes envies et l'allusion suffisait à me révulser. Au couvent, il y avait des fillettes qui commençaient à rêver aux garçons. Lorsque nous allions à l'église paroissiale, elles jetaient, sur les élèves des chers frères, des regards qui me semblaient pure manifestation de démence précoce. Jamais je ne m'abaisserais à regarder un homme de cette façon.

Je restai à la maison jusqu'après les vacances de Noël. Pour mes étrennes, rompant avec la tradition bas-gants-culottes, je demandai à grand-maman de me donner un livre. Ce livre, naturellement, avait été édité en France car, à ce moment-là, l'édition canadienne…

— J'espère que tu seras assez raisonnable, si tu trouves quelque chose d'indécent dans ce livre, pour interrompre ta lecture toi-même. Tu sais, tout ce qui vient de France, ces années-ci, cela ne vaut pas cher.

Mon père jeta, ce disant, un regard lourd de reproches vers ma mère, dont les parents, il n'en doutait pas, étaient capables de donner des livres indécents à ses enfants. Maman n'avait plus guère la force de répondre à ce genre d'accusations.

La francophobie de mon père était d'abord une de ses phobies tout court. Il n'aimait pas mieux les Anglais ou les Américains. Il n'y avait qu'un peuple pour qui il éprouvait une nuance de respect, c'était les Allemands, parce que ce sont de bons donneurs de coups de pied au derrière. Mais, en général, il haïssait tous les peuples et tous les individus, avec double traitement pour les Français. Il avait passé avec eux une partie de sa jeunesse alors qu'il commençait sa carrière d'ingénieur à l'île d'Anticosti qui appartenait au chocolatier Menier. Il était resté à jamais scandalisé par ces gens. Non qu'ils fissent une vie dévergondée, mais ils avaient une sorte de liberté dans la tête qui le mettait hors de lui. Cependant, sans qu'il s'en doutât, il avait été très francisé par eux dans ses façons de parler, de jurer (en colère, il disait merde assez facilement, et c'était une rareté à l'époque), de s'alimenter, surtout quand il voulait bien oublier son désir de vivre centenaire. Mais il eût été vexé qu'on le lui dît.

À la rentrée de janvier, j'emportai mon livre au couvent où il ne fut pas mieux vu qu'à la maison. Mère Saint-Protais, comme tous les sots que j'ai connus, employait couramment l'expression «perdre son temps à lire». On pouvait voir, dans notre classe, une manière de bibliothèque — en tout cas, c'est le nom qu'on lui donnait; il s'agissait d'une bonne douzaine de volumes placés sur un rayon d'un meuble qui contenait surtout des encriers, de la craie, des chiffons pour l'épousettage — seulement, on n'avait pas prévu, à l'horaire, de temps perdu pour la lecture et, de toutes façons, nous n'avions pas la permission de toucher à ces livres qui étaient venus là le diable sait comment.

Je continuais de m'adonner à ma délectation morose. Ainsi, je m'aperçus que mère Saint-Protais ignorait ce qu'étaient les Templiers — et pourtant, tous les ans, en Histoire de l'Église, on les voyait passer discrètement sous le règne de Clément V, mais la sœur ne ressentait pas le besoin d'en connaître davantage et ce n'est que cela, au fond, l'ignorance — ce qui me donna un curieux plaisir. Je passais la moitié de mon temps à la surveiller sans qu'elle s'en doutât et, si j'avais acquis, un de ces quatre matins, l'assurance qu'elle ne savait ni lire ni écrire — et je me flatte d'avoir, si jeune, vu là le comble de l'abjection — nul doute que j'en eusse été ravie.

Il faut dire à ma défense que j'étais assez mal portante. Je grandissais beaucoup et je le faisais dans l'inanition. Au demeurant, nous en étions toutes là. Que de visages livides, que de mains transparentes, que de bas vides de mollets ! Il est déjà ennuyeux d'être sans cesse accusé de s'empiffrer comme un porc, mais le véritable ennui, c'est d'être nourri comme un porc. Je ne connais rien aux papilles porcines, mais je demeure persuadée qu'elles sont fort différentes des papilles humaines et que les menus doivent différer en conséquence. De tous les jours de la semaine, aucun n'était aussi pénible que le vendredi. D'autant que, du point de vue de l'odorat, le vendredi commençait le jeudi au moment où le camion de livraison apportait le poisson. Une odeur immonde s'insinuait sous chaque porte, jusque dans la chapelle où nos méditations se trouvaient, de ce fait, orientées sans effort vers l'esprit de mortification. Les externes — elles mangeaient dans leurs familles — fronçaient des nez incrédules. Le lendemain matin, au moment où nous commencions à nous habituer, la cuisson qui se perpétrait dans les cuisines remettait tout en question avec la recrudescence que l'on imagine. Nous n'avions pas besoin d'exhortation à la frugalité et mère Saint-Protais, qui le sentait aussi bien que nous, s'en abstenait.

Vers trois heures, l'après-midi, les relents de poisson qui traînaient encore dans tous les coins subissaient un brusque assaut. Celui des petits pois en béchamel. Pour cet autre plat maigre, la sœur cuisinière avait sa recette maison : du lait en voie de sûrir — il y en avait toujours qu'on récupérait de cette façon chaque semaine —, de la farine et des pois de la grosseur et de la consistance d'honnêtes petites billes. Si la cuisinière était dans une de ses bonnes journées, le bras vigoureux et tout, le nombre des grumeaux ne dépassait pas celui des pois. Si, par malheur, il y avait coïncidence avec un moment d'accablement, les pois étaient nettement minoritaires. Cette mixture languissait et finissait de sûrir sur un coin du fourneau jusqu'à l'heure du dîner où nous nous rendions, le pas traînant et le mouchoir sur le nez.

Parfois, c'était dès le réveil que nous étions assaillies olfactivement. Nous savions alors qu'on nous destinait, pour le petit déjeuner, de la bouillie de gruau d'avoine. La sœur cuisinière se servait, là aussi, d'une recette bien à elle : elle la laissait attacher au fond de la casserole. Non pas une fois sur cinq, ni même une fois sur deux, mais chaque fois, pieusement, sans y manquer. Cela puait à n'y pas croire.

Il y avait parmi nous une fillette que les bonnes sœurs éduquaient par charité. Ce n'était un mystère pour personne, car on le lui rappelait devant nous toutes plusieurs fois par jour. En retour de cette charité, on lui faisait laver la vaisselle, celle des religieuses et celle des élèves. Elle y employait toutes les heures de récréation. Elle s'appelait Marie-Paule, avait l'air d'un petit chien battu et souffrait, d'un bout de l'année à l'autre, de panaris que les eaux grasses entretenaient et nourrissaient. C'est elle qui nous raconta l'histoire de l'épingle.

En préparant la purée, un jour, la sœur cuisinière s'aperçut soudain qu'il manquait une épingle à sa cornette. Il y avait quatre-vingt-dix-neuf chances contre une que l'épingle fût dans la purée. Jeter la purée, pas question. Mettre en garde les soixante enfants qui s'apprêtaient à la manger non plus. N'avouez jamais. Il ne restait qu'une solution, prier. Je ne sais si l'on osa s'adresser à Dieu lui-même ou s'il existe une sainte qui s'occupe de ces cas mais je sais que les invocations allèrent bon train tout le temps du repas. On fit bien, car on ne retrouva l'épingle, ni dans la purée ni ailleurs.

Outre la sœur cuisinière et l'esclave Marie-Paule, le personnel comptait un homme que nous appelions ingénument l'Homme des sœurs. Il sentait le fumier de manière copieuse et ininterrompue. Tous les jours, même le dimanche, on pouvait le suivre à la trace. Comme cette trace conduisait le plus souvent au réfectoire où il avait pour mission de placer le pain coupé en tranches — des monceaux de tranches naturellement — dans une armoire, cela ne nous mettait guère en appétit. Ce fut dans l'encoignure de cette armoire que nous l'aperçûmes, deux de mes compagnes et moi, en train de tripoter les seins de la sœur cuisinière — les seins des sœurs... il faut être malin pour retrouver ça! — laquelle gloussait comme la première venue: «Vieux fou, va, vieux fou.» Cela nous mit en joie pour le reste de l'année. Nous n'avions qu'à nous murmurer l'une à l'autre «vieux fou» à l'oreille pour sombrer dans des abîmes de rire.

Dans les couvents, la vie devient de plus en plus difficile au fur et à mesure que les semaines passent. L'exaspération s'accentue de jour en jour. Les défenses se multiplient et, partant, les punitions. Tous les matins apportent leur cargaison de «il sera interdit désormais de...» cargaison plus ou moins importante, suivant l'imagination des bonnes sœurs, et celles qui méprisent le plus cette faculté — la folle du logis — ne sont pas les plus malhabiles à inventer des interdictions. Il y avait dans notre classe une fillette qui suscitait notre admiration secrète. La mienne en tout cas. Elle était externe et s'appelait Simone. Elle laissait passer, l'œil distrait, tous les «il sera interdit de» et opposait aux algarades, engendrées par l'ignorance où elle les avait tenues, un petit visage fermé de toutes parts sur quoi les injures glissaient sans le brouiller.

Surtout pendant le carême, on exigeait des externes qu'elles assistent à la messe paroissiale en semaine. Au contraire des pensionnaires, elles choisissaient une place à leur gré, ce qui n'empêchait pas les sœurs de voir d'un coup d'œil qui était là et qui n'y était pas. Simone n'y était jamais. Comment l'aurait-elle pu? Elle n'arrivait toujours que la dernière en classe et, la plupart du temps, la robe pas tout à fait boutonnée, la dernière bouchée de sa tartine dans la main, levée, de toute évidence, depuis un quart d'heure à peine. Cela me faisait rêver! J'imaginais autour de cette enfant toute une vie familiale facile, relâchée, quelque chose de fascinant, le comble de l'étrangeté.

— Vous sortez à peine du lit, lui disait mère Saint-Protais. La messe, ce n'était pas encore pour aujourd'hui.

La petite ne répondait rien, jamais rien. Elle n'avait pas d'excuses à offrir et elle n'en cherchait pas. Je me disais qu'elle avait assurément un père «qui prenait pour elle», sans quoi elle eût été plus craintive.

Après les vacances de Noël, le matin de la rentrée, elle apparut dans l'embrasure de la porte, ah! les cheveux coupés à la garçonne. Je ressentis en l'apercevant un sentiment extraordinaire, une sorte de ravissement, une joie confuse, comme si j'avais vu, ainsi qu'il est dit dans la Bible, mes ennemis réduits à me servir de marchepied. Il faut dire, ici, qu'il n'y avait dans ce pensionnat qu'une seule façon permise, orthodoxe, de se coiffer: chaque côté de la tête, les cheveux retombaient sur les oreilles, pendant que toute la partie médiane, ramenée vers l'arrière, était retenue par un ruban de moire noire. Toute autre coiffure était considérée comme criminelle. Nous étions horribles là-dessous, mais c'était justement cela, je pense, qu'on cherchait.

À la vue de cette nuque rasée, mère Saint-Protais verdit. Jamais une élève ne l'avait bafouée de cette façon et l'on put craindre, un moment, qu'elle ne demeurât coite. Les mots ne lui revinrent que peu à peu, et par cris. Simone fut comparée à une poule équeutée et à toutes sortes d'animaux plus pelés les uns que les autres. Debout, la tête inclinée, elle semblait écouter, dans une paix qu'elle était bien la seule à éprouver au milieu de l'effervescence générale. Enfin, elle reçut l'ordre de se rasseoir, après quoi je dus m'étirer le cou — ce que je fis cent fois dans la journée — pour la regarder. Je trouvais cette coiffure de plus en plus jolie et je regrettais amèrement que Simone fût obligée de laisser repousser ses cheveux.

Pensez-vous! Jusqu'à la fin de l'année scolaire, pas une quinzaine ne passa sans qu'elle les fît raser de frais. De guerre lasse — ce fut Simone qui me le raconta —, la bonne sœur téléphona aux parents qui répondirent que leur fille se faisait couper les cheveux pendant les heures où elle se trouvait sous leur autorité. Aussi sec. Moi, j'étais dans l'émerveillement.

Avec le printemps, mère Saint-Protais se mit à battre de l'aile. De plus en plus souvent, elle dut se faire remplacer à la tribune. Puis elle tomba tout à fait malade. Rien ne fait plus plaisir aux enfants, il faut le reconnaître sans détour, que la maladie de ceux qu'ils détestent. Ils en sont débarrassés pour un moment et, comme les instincts primitifs ne sont jamais loin, en imagination ils les envoient à la mort sans s'émouvoir. Aussi nous demandions-nous avec curiosité ce que mère Saint-Protais pouvait avoir et si c'était quelque chose dont elle se relèverait.

— Maman dit qu'à cet âge-là, les femmes qui n'ont pas eu d'homme sont toutes malades, me confia ma voisine.

— Pourquoi?

— Parce qu'elles deviennent enragées, tiens! T'es bête, toi!

Pour ce que je savais des hommes, il me semblait que j'aurais été plus enragée avec que sans. Et puis, la petite avait ri d'une certaine façon que je connaissais bien, en disant «qui n'ont pas eu d'homme». Perplexe, je me dis qu'il restait encore des choses que je ne savais pas. Il y avait donc bien des chapitres à cette histoire? Les bébés, les règles et, maintenant, les hommes. Que pouvait-il y avoir de «dérageant» dans un homme? Je ne posai pas de questions: ces choses ne s'apprenaient pas en posant des questions. Cela ne se faisait pas. La seule façon d'apprendre les réalités de l'existence, c'était d'attendre qu'une fillette vous glisse une information — fausse très souvent — et que, selon toutes les apparences, elle était devenue incapable de garder pour elle seule. Je n'attendis pas longtemps.

À la faveur de la maladie de mère Saint-Protais, des dessins se mirent à circuler dans la classe. Nous étions parfois une heure ou deux sans surveillante et c'était bien le moment ou jamais de s'occuper de la chose. Celle-ci me fut révélée sans ménagement. Le premier dessin que je reçus représentait une horrible femme aggravée de seins énormes et qui recevait les hommages d'un partenaire non moins avantagé. Je devins tellement rouge que je sentais le sang me battre aux oreilles comme s'il se cherchait une issue. Ma voisine prit peur et m'arracha la feuille de papier.

— Tu vas pas rapporter?

Dieu sait que je n'étais pas rapporteuse. J'aurais été plus aimée des sœurs si je l'avais été. Mais j'étais d'une famille où le silence s'apprenait tôt.

Mère Saint-Protais se rétablit et ce furent, presque tout de suite, les grands examens de la fin de l'année. Nous n'en parlions que de façon solennelle. En cette occasion, notre institutrice ne nous servait plus que de surveillante. Les questions de concours n'étaient plus de son cru et nous arrivaient d'un autre couvent, dont nous dépendions, et où nos copies étaient expédiées pour être corrigées. Ce procédé plongeait les petites filles dans une terreur respectueuse.

— C'était comme ça dans ton autre couvent?

— Non, ce n'était pas comme ça.

— Alors, c'est pas un couvent aussi important qu'on le dit.

J'avais beau expliquer que, dans mon premier couvent, nous ne dépendions de personne, que nous étions «la maison-mère», je ne parvenais pas à me faire entendre. Pour ma part, je ne voyais pas l'intérêt de ce transbordement. Mes yeux allaient bientôt se dessiller.

Je n'attendais pas grand-chose de ces examens. Toute l'année, j'avais été presque à la queue et j'étais résignée à retourner chez mon père avec, en poche, un piètre résultat.

— Vous aurez des surprises lors de la distribution des prix, nous dit mère Saint-Protais un des derniers jours de classe. Si je ne vous avais pas surveillées moi-même, je croirais que certaines ont triché.

J'écoutais ces prédictions d'une oreille distraite. J'étais bien assez occupée avec mon entérite annuelle. Nous passâmes les derniers jours à faire le grand nettoyage du couvent : les fenêtres, les boiseries, les parquets même. Sous prétexte d'enseignement ménager. (Les années suivantes, sous ce prétexte, on nous fit tout faire ; nous eûmes des leçons de lessive, de repassage, de reprisage et cela toutes les semaines ; matière première : les effets des sœurs ; bien pensé ! c'est le moins qu'on puisse en dire.) Nous allâmes recevoir nos prix avec des mains où les échardes et les crevasses venaient en concurrence, des mains de jeunes femmes de peine en leurs débuts, alors que la peau tendre ne peut résister à aucune injure.

Quand arriva le tour de ma classe, à cette fameuse distribution de prix, ce fut Marie-Louise qui fut nommée la première puis, avec quelques dixièmes de points en moins, moi, la deuxième. Marie-Louise, pendant toute l'année, avait fréquenté la queue encore plus que moi. Quand nous nous rencontrâmes, elle au retour, moi à l'aller, nous échangeâmes un incrédule regard. Revenues à nos places, le fou rire nous saisit et nous eûmes fort à faire pour le dissimuler dans nos mouchoirs. De ce moment jusqu'à la fin de la cérémonie, je n'entendis plus rien. La stupéfaction, le vif sentiment d'être vengée de tout ce que j'avais subi pendant l'année, la disparition de l'inquiétude que je nourrissais quant à l'accueil paternel, l'émerveillement que me donnait l'entrée en scène de la justice, alors que je ne l'attendais pas, la note — ma plus élevée — obtenue pour la rédaction française quand, pendant dix mois, j'avais voisiné le zéro, tout cela me plongea dans une sorte d'hypnose qui était le contentement. D'où l'impossibilité d'écouter ce qui concernait le reste des élèves.

Après la cérémonie, j'allai faire mes adieux à mère Saint-Protais qui me répondit du bout des lèvres. Elle ne devait pas être à la noce et je lui donne bien raison. Je ne l'ai jamais revue. Pauvre fille, avec son lac sud-américain, ses évangiles malpropres, son orthographe bien personnelle, sa méconnaissance des Templiers, elle me fait un chapitre que j'aime bien et je lui pardonne, en retour, toutes les gifles qu'elle m'a données. Il faut dire que, pour moi, les gifles, surtout quand elles étaient distribuées une à une, car je n'avais pas l'habitude de cette parcimonie, ça n'avait pas beaucoup d'importance.

Les vacances qui suivirent furent, dans ma vie, d'une valeur inestimable. Été 1926. Mais comme il arrive toujours, je les vécus sans savoir ce qu'elles étaient. Quand nous arrivâmes, ma sœur et moi, mon père était en voyage et j'en profitai pour demander à maman de m'envoyer pour quelques jours chez grand-maman dont l'état de santé — qui m'avait empêchée d'y aller les années précédentes — s'était amélioré. Depuis deux ans, elle et moi, nous nous étions à peine vues et, quand j'entrai chez elle, nous nous jetâmes dans les bras l'une de l'autre en pleurant. Nous n'arrivions plus à nous consoler. Si je pleurais de l'émotion de la retrouver et du regret d'avoir été si longtemps sans la voir, elle avait bien d'autres raisons. Je n'étais pas seulement sa petite-fille retrouvée, mais aussi la très prochaine orpheline. Je la trouvais maigrie, vieillie, triste. Grand-papa aussi avait vieilli et, s'il n'était pas triste, il était moins gai qu'autrefois. C'était déjà un changement énorme.

J'avais douze ans. La semaine se passa en conversations de grandes personnes. Nous parlions de l'avenir, le mien. Grand-maman me demanda si j'avais le désir de me marier plus tard, auquel cas il faudrait bien réfléchir avant de choisir. Je répondis que je n'épouserais qu'un homme comme grand-papa, paisible et de bon caractère (j'ai tenu ma promesse). Nous nous comprenions à mi-mots. Le nom de mon père ne fut pas prononcé une seule fois mais, quand nous parlions du genre de mari à éviter, nous savions bien que c'était de lui qu'il était question. Je dis que, si je ne trouvais pas un homme comme grand-papa, je resterais vieille fille et grand-maman me demanda si j'avais déjà pensé à devenir religieuse. Cette seule fois, dans ma vie d'enfant, je racontai à un adulte ce qui se passait dans les couvents, la méchanceté, l'injustice, la cruauté, toutes raisons qui ne m'incitaient pas à me faire bonne sœur. Puis, je parlai de la mère du Bon-Conseil, je dis qu'elle était morte et je pleurai encore un coup et grand-maman, que ce seul mot devait bouleverser, pleura encore elle aussi. Mais j'aimais bien pleurer avec grand-maman. On pouvait y aller avec tout son cœur et sangloter aussi longtemps qu'on avait des sanglots. Il n'y avait pas de honte ni de ridicule. Quand les mouchoirs étaient trempés, on allait en chercher des propres, on se rasseyait et on continuait à pleurer simplement. Moi, les larmes me coupent la parole, mais grand-maman parlait quand même, comme si de rien n'était. Seulement, pas une seule fois elle ne se permit de partager sa vraie peine avec moi. Nous parlions souvent de maman, mais toujours comme si la seule issue à sa maladie ne pouvait être que la guérison. Elle me disait, par exemple :

— Depuis le temps qu'elle est malade, ta mère ne peut plus tarder à guérir.

Et cela me paraissait d'une logique rigoureuse parce que je voulais le croire. Qu'ils sont émouvants les mensonges inspirés par l'amour et qu'on en garde bon souvenir !

Le temps de mon séjour écoulé, je partis avec répugnance. Si j'avais su... Si j'avais su, eh bien ! j'aurais préféré mourir. Les malheurs qui nous attendaient, je n'aurais pas eu le courage de les envisager tous à la fois. Ils sont arrivés en série, l'un procédant de l'autre comme une famille de monstres. Une fois les premiers subis, je n'étais presque plus capable d'avoir de la peine, je n'étais plus que cicatrices mal innervées. Je dis : « j'aurais préféré mourir » et « je n'aurais pas eu le courage », mais on ne meurt pas quand le cœur est un muscle tout neuf, mais le manque de courage ne nous empêche pas de supporter le malheur.

Cet été-là, maman fit une dernière tentative pour retrouver la santé. Il y avait à Québec un médecin français dont on racontait merveilles à l'époque et dont on dira, plus tard, qu'il n'était qu'un charlatan et que ses parchemins étaient faux. Quoi qu'il en soit, maman décida d'aller le consulter. Mon oncle, son frère, vint la chercher en voiture un matin. Nous avions entendu dire tant de bien de ce médecin que nous la croyions déjà guérie, rien que de la voir partir pour cette consultation. Une sorte de fièvre nous saisit. Nous nous mîmes tous à astiquer, à frotter, à mettre des fleurs dans les vases, comme si tout devant être changé quand elle reviendrait, il faudrait, faute de pouvoir recommencer la vie dans une autre maison, au moins faire briller celle-ci presque autant qu'une neuve.

Enfin, la voiture de mon oncle parut au tournant de l'allée. Nous nous précipitâmes à l'extérieur et, comme mon oncle était pressé par ses occupations, il repartit tout de suite et nous eûmes maman à nous seuls. Sous la véranda, il y avait une table et des chaises. Avant de s'asseoir, elle s'appuya à la table, le temps de retrouver sa respiration. Elle portait, pour la dernière fois peut-être, le ravissant tailleur noir que grand-maman lui avait fait, un tailleur à la jaquette très longue, presque une redingote, et qui n'allait plus très bien, maintenant qu'elle flottait, tout à fait vide, à la hauteur de la poitrine.

— Maman, qu'est-ce qu'il a dit, le médecin?

— Eh bien! il a dit qu'il allait me guérir.

Ah! nous le savions bien. C'était bien impossible qu'il en fût autrement.

— Il m'a longuement examinée. Il dit que j'ai une caverne au poumon gauche et une autre au poumon droit, mais qu'avec le traitement qu'il me donne elles se cicatriseront vite.

Elle sortit de son sac plusieurs feuilles de papier où était expliqué, longuement, le merveilleux traitement qui la guérirait.

— Il faudra que je boive du vin rouge aux repas. Je ne sais pas ce que votre père en dira ...

Comme par bonheur, il y avait du vin rouge dans la cave. Mon père recevait souvent des cadeaux de ce genre, venant de constructeurs de routes qui apparemment ne le connaissaient pas bien : des caisses de champagne, des caisses de whisky. Il les conservait quelque temps, puis il finissait par les donner à de moins vertueux que lui. Ce dernier Noël, il avait reçu une caisse de vieux bordeaux rouge. Et, justement, sur l'ordonnance, le médecin avait écrit « bordeaux rouge ». On aurait dit un signe, un bon augure. L'un de nous courut chercher une bouteille. Nous nous sentions tous pleins d'audace.

Maman souriait. Jusqu'à quel point était-elle confiante ? Je ne sais. Elle avait, aux joues, deux jolies taches roses.

— Tu as l'air déjà mieux, maman.

Mais elle était si fatiguée qu'elle dut finir la journée au lit. Elle entreprit le traitement le lendemain. Un traitement épuisant — bains de moutarde, enveloppements, ventouses — qui n'avait, je pense, que l'avantage de donner à la malade l'impression qu'elle se soignait beaucoup et de l'occuper assez pour qu'elle n'ait pas de temps pour penser à son mal.

Mon père accueillit cette thérapeutique sans enthousiasme. Non pas qu'il la trouvât éprouvante — ses oracles américains ne préconisaient-ils pas de traiter la tuberculose par l'exercice, les marches forcées, etc. — mais c'était son habitude de s'élever contre tout nouveau traitement. Il disait qu'il en connaissait de meilleurs, la diète par exemple, mais que maman n'avait jamais voulu l'écouter, qu'autrement elle serait guérie depuis longtemps. Le docteur avait prescrit un régime reconstituant. Chaque jour, il fallait demander à mon père d'acheter ceci ou cela et il en profitait pour recommencer ses histoires de diète. Puis, quand la provision de bordeaux fut épuisée, il refusa de la renouveler. Que maman boive du vin à table, cela donnait le mauvais exemple aux enfants. Il a peur que maman guérisse, me disais-je, il voudrait qu'elle meure. On aurait du mal à me persuader que j'avais tort. Enfin, grand-maman apporta du bordeaux et je pus rentrer au pensionnat rassurée. Aussitôt après notre départ, maman dut s'aliter et abandonner ce traitement exténuant. Moi, je ne le savais pas, je continuais à avoir confiance. Au surplus, j'ignorais ce que c'est que d'être malade pour mourir. Je souhaitais qu'elle guérisse, mais il ne m'arrivait jamais de penser qu'elle mourrait si elle ne guérissait pas. Cela durait depuis si longtemps que je n'envisageais pas d'issue fatale. Je croyais qu'au pire elle continuerait à être malade, à vivre malade. Il y avait bien cette conversation que j'avais surprise entre elle et grand-maman, tellement d'années, me semblait-il, auparavant... Tellement d'années qu'il ne fallait plus y attacher d'importance, il y avait prescription. Et cette accusation, qu'au fond de mon cœur je portais contre mon père, je ne la rattachais à rien de réel. Je souhaitais bien qu'il meure, lui, et cela ne semblait pas changer grand-chose à sa santé.

Je rentrai donc au pensionnat avec ma petite puberté toute fraîche et bien secrète. La première chose que j'appris fut le départ de mère Saint-Protais et son remplacement par une grosse sœur au nez retroussé, au visage rouge, genre un peu garçon boucher et qui s'appelait mère Saint-Jules. Mère Saint-Pamphile aussi était partie. À sa place, nous trouvâmes une longue sœur qui secrétait la bile par tous les pores de sa peau jaune : mère Saint-Fortunat. Je repensai tout de suite à l'agréable année que j'avais vécue après être sortie des griffes de la mère Saint-Chérubin et cela me parut de bon augure. Après la pluie le beau temps, tout le monde dit ça, il faut que ce soit vrai. Mère Saint-Fortunat était jaune, mais elle avait de beaux yeux largement bistrés. Avec ces yeux-là, il fallait qu'elle soit bonne. D'autre part, mère Saint-Jules semblait être une bonne grosse, incapable de faire du mal à une mouche, ça aussi tout le monde le dit. Il est vrai que le gros Néron leur arrachait les ailes, aux mouches.

Mère Saint-Fortunat faisait la classe aux plus grandes et, de ce fait, se trouvait première maîtresse de la première division. Dès le deuxième jour, elle nous servit un long prêche sur toutes les choses qui seraient interdites sous son règne : écrire des lettres sans les lui soumettre, porter des robes qui découvriraient même le bas du mollet — elle s'arrangeait pour ne pas employer le mot mollet, bien sûr ; elle disait : « l'ourlet doit être à telle distance du sol » —, recevoir au parloir des gens qui ne seraient pas nos parents immédiats et surtout, surtout, se friser les cheveux. Plusieurs fillettes étaient revenues de leurs vacances avec des ondulations. De l'eau sur tout cela, et qu'on n'en parle plus. Les beaux yeux de mère Saint-Fortunat me semblaient perdre un peu de leur velours.

Le lendemain, alors que nous allions entrer au réfectoire, une main nerveuse me tira hors des rangs.

— Eh bien! on commence tout de suite l'année par la désobéissance?

Ce disant, elle me poussait la tête d'un côté, puis de l'autre, à petits coups rageurs, d'un index perforant, sur la tempe droite, puis sur la tempe gauche.

Je suis née avec une bonne conscience. Quand on m'accuse d'un crime que l'on ne précise pas immédiatement, je ne comprends jamais, je cherche et je reste là, l'œil rond et la bouche aussi. Au reste, les recommandations d'hier, je les avais déjà oubliées, puisqu'elles ne me concernaient pas. Il n'y avait qu'à regarder ma tignasse pour comprendre qu'elle ne devait rien au coiffeur.

— Vous n'avez pas défrisé vos cheveux?

— C'est naturel, mère.

— Comment naturel?

— Bien… naturel…

— Vous voulez me faire croire que vous ne vous frisez pas?

— Non. Je suis venue au monde avec ces cheveux-là.

— Entrez au réfectoire. J'aviserai.

De quelle façon, elle ne me le dit pas. Après tout, cela se passait entre elle et mon Créateur et je n'avais pas à m'en préoccuper. C'était encore la même histoire: la bonne sœur croyait en Dieu, mais en un Dieu pas trop futé, malhabile de ses mains et, en tout cas, ignorant des règlements du pensionnat.

Pour dormir, je m'encapuchonne de mes draps. Au soir de ce jour, j'allais sombrer doucement quand l'index fouilleur de mère Saint-Fortunat me ramena d'un coup à la surface.

— Ah! je vous y prends. Découvrez-vous. Montrez-moi votre tête.

Je me décapuchonnai et elle passa dans mes cheveux une main farfouilleuse sans trouver, bien entendu, la moindre papillotte.

— Ne croyez pas vous en tirer comme ça. Je vous surveille.

Et elle fit comme elle l'avait dit. Plusieurs nuits de suite, j'eus mon sommeil interrompu par une longue main sèche qui venait me fourrager la crinière à des heures machiavéliquement diverses. Je commençais à la trouver saumâtre, quand mère Saint-Fortunat, qui était affligée malgré son état religieux d'un fragile petit cœur d'une inflammabilité et, partant, d'une inconstance rare qui eût pu susciter dans le siècle une merveilleuse quantité de cocus, devint éperdument entichée de ma sœur. Par un bienheureux ricochet, j'obtins la pleine et entière autorisation d'avoir les cheveux naturellement frisés.

Cependant, à l'instigation de mère Saint-Fortunat et tout le temps qu'avaient duré ses soupçons, les bonnes sœurs avaient tellement discuté de la chose que cela était devenu un problème à l'échelle conventuelle. Ça n'allait pas fort dans les petites consciences. Il y avait des remous. Chaque fois que je passais dans le corridor «de la communauté» il y en avait une pour me lancer un «Quelle chevelure!» désobligeant. Sortilège? Maléfice?

Un matin, sur les cinq heures, je fus réveillée par une bonne sœur dont j'ai oublié le nom — assez jaune elle aussi. Elle portait une bassine remplie d'eau chaude et un vieux barreau de chaise. Les fonctions de cette sœur n'étaient guère définies. Tout ce que j'en savais, c'est qu'elle occupait l'ancienne chambre de mère Saint-Georges qui, en son temps, ne faisait pas grand-chose elle non plus, ce qui s'héritait avec la chambre, je suppose. Enfin, pour le moment celle-ci tenait un barreau de chaise. Elle s'était levée dès potron-minet, elle avait gravi six étages, avec l'intention de me faire ce que nous appelons des boudins et que les enfants français appellent des saucisses, de toutes façons cela reste dans la charcuterie, tant il est vrai que nous sommes cousins.

— Au moins, cela vous fera la tête plus petite, me dit l'héritière de mère Saint-Georges.

Elle entreprit de me tremper la chevelure, de me la diviser en petites mèches et d'enrouler ces mèches une à une, autour du barreau de chaise à l'aide de ma brosse trempée elle aussi. Elle se donnait diablement de mal. Le plus difficile, c'était de retirer le barreau sans qu'un seul poil ne bouge, auquel cas elle recommençait l'opération. Mon lit et ma chemise de nuit furent bientôt aussi ruisselants que mes cheveux et, comme personne n'avait encore imaginé de chauffer les dortoirs de couvents, je claquais frénétiquement des dents.

— Restez assise dans votre lit jusqu'à la cloche, me recommanda-t-elle, en me quittant l'œuvre faite.

Et même, dans son esprit, la bonne œuvre, sans aucun doute. Il restait une petite demi-heure. Je la passai assise, à sécher, pendant que des têtes à cheveux réglementaires s'échappaient les souffles bruyants du sommeil. Pas longtemps. Je me mis soudain à éternuer de façon incoercible, ce qui m'attira des apostrophes désobligeantes venant des quatre coins du dortoir. Je fus, toute la journée, la risée du pensionnat avec mes boudins dont certains, mal venus, se tenaient tout droits, en dehors de l'étalage.

Le lendemain, cela recommença.

— Si vous êtes bonne fille, je viendrai vous coiffer tous les matins, me souffla la bonne sœur avec un sourire angélique.

Imprudente bonne sœur! Elle nous surveillait, parfois, au réfectoire et je souhaitais fort qu'elle vienne dès aujourd'hui. Elle vint. Bien entendu, je ne sus qu'inventer pour me rendre désagréable. À ma première incartade, elle me jeta un douloureux regard qui me remplit de remords. Mais il n'était pas question d'écouter mon cœur. Il ne me fallait obéir qu'à ma tête, car, autrement, je me la faisais inonder tous les matins de l'année et, dame! l'hiver n'était pas loin qui me faisait redouter d'interminables séries de coryzas, fluxions, otites et refroidissements de toutes sortes.

— Je n'irai pas vous peigner demain, me dit sœur Saint-Figaro, à la sortie du réfectoire.

Le lendemain, ce fut homérique. Dès que je mis le peigne dans cette chevelure qui avait été étroitement boudinée pendant deux jours, elle se mit à prendre des proportions démesurées. Cela débordait de toutes parts à n'en pas voir la fin. En hauteur, en largeur, en épaisseur, Absalon n'était pas mon cousin. En voilà encore un qui n'était pas réglementaire. Enfin, moi, je n'y perdis pas la vie, mais tout le pensionnat y perdit son sérieux. Au surplus, les circonstances semblaient être de connivence pour donner tout le lustre possible à mon absalonisme. Ce matin-là, nous eûmes la messe à la chapelle comme il arrivait de temps en temps. Or, pour toutes les cérémonies qui avaient lieu à la chapelle, au lieu de porter un chapeau ainsi que nous le faisions pour aller à l'église paroissiale, nous nous couvrions la tête d'un voile de tulle. Le mien était neuf: le tulle en était raide. Bien avant que les couturiers songent à créer des lignes désignées par des lettres, je lançai, ce jour-là, la ligne O majuscule. Ou plutôt, j'avais l'air du rare spécimen d'une étrange espèce nomade qui, tout comme la tortue porte sa maison sur son dos, porterait son iglou sur la tête. Il me faudra attendre la messe de mon mariage pour tenir, au lieu-saint, un rôle aussi considérable. Il y avait tout le temps, dans les premiers rangs, trois ou quatre fillettes de retournées. Et de pouffer. Et de jeter un œil sournois vers sœur Saint-Figaro toute rouge sous sa peau jaune, ce qui lui faisait un joli teint brique.

Comme il arrive d'étranges choses! Voilà une enfant que l'on punit et, comme résultat de cette punition, elle se trouve plus que jamais en contradiction avec le règlement.

— J'en arriverai à croire que c'est le diable qui vous frise les cheveux, me dit la Supérieure en sortant de la chapelle.

Mère Saint-Fortunat riait. Quand le cœur lui battait, son indulgence n'avait pas de bornes. Elle ne savait pas résister à ses entraînements. C'était la Ninon de Lenclos de son institution. Ce matin-là, elle prenait l'air de quelqu'un qui ne peut refréner sa gaieté, elle lançait à ma sœur des coups d'œil coquins, elle se tordait le nez d'un geste délicat, geste qui indiquait, chez elle, le comble de l'amusement. C'était un nez qui, dans le domaine des nez, n'avait rien à envier à ma chevelure. Chacun son championnat. Quand elle éprouvait un excès d'allégresse, il y avait donc beaucoup de remuement. Cela lui arrivait sans cesse, car tout l'égayait chez l'être aimé (ou chez la sœur de l'être aimé, c'est pareil), même les fredaines les plus flagrantes. Il arrivait qu'une autre fillette, forte du précédent, tentât d'en faire autant, mais les cris de Ninon la ramenaient vite à la réalité. À chacune son poids et sa mesure.

La mesure pouvait être fort petite. Autant mère Saint-Fortunat pouvait aimer, autant elle aimait haïr. Pour faire pendant à la favorite, il y avait toujours une persécutée à l'autre bout. J'ai connu les deux bouts. Si le premier rôle était assez divers, le second ne consistait qu'à prendre tous les méfaits du pensionnat sur ses épaules. Un graffiti, dans les cabinets, tracé d'une main fort enfantine et se lisant comme suit : « Mère Saint-Fortunat la fole » me fut attribué sans hésitation. De penser que l'on pouvait me croire capable d'écrire folle avec un seul *l* faillit me faire mourir de rage. Cependant, je ne peux réclamer la plus belle palme du martyre. Elle revient à une petite dont j'ai oublié le nom, une blonde chétive, timide et un peu demeurée. Ses parents n'étaient pas riches et c'était un vice que mère Saint-Fortunat ne pardonnait jamais. Sitôt que la petite blonde remuait un cil, une avalanche d'injures s'abattait sur elle.

— Vous n'êtes qu'une pauvre. Vos parents sont des pauvres. Vous êtes gardée ici par charité. Vous n'avez pas, chez vous, de quoi manger à votre faim.

La petite avait la faculté de secréter des larmes énormes qui lui sortaient des yeux en rebondissant. Ce phénomène me surprenait beaucoup, bien que je pusse le considérer presque chaque jour. J'ignore quels étaient les sentiments des autres. Pour ma part, je me méprisais tellement de ne pas avoir le courage de me lever, de prendre la petite par les épaules et de la consoler que cela m'empêchait, parfois, de dormir. Rien que de me rappeler ce jeune visage rose de honte me noue la gorge. Imposer à des enfants une complicité avilissante, quel péché irrémissible !

Là où mère Saint-Fortunat était divine à observer, c'était quand l'infidélité s'emparait d'elle. Tout à coup, son attention était attirée par un nouvel objet, mais personne, pas même elle, ne pouvait démêler ni pourquoi ni comment. Cela se produisait, comme ça. Pendant quelques jours, elle se laissait flotter entre le vieil objet et le nouveau en se berçant, je pense, de l'illusion qu'elle pouvait choisir. Pas une d'entre nous n'avait assez d'expérience dans le domaine du cœur pour comprendre quoi que ce soit dans ces va-et-vient sentimentaux et jamais le vieil objet ne soupçonnait qu'il était menacé d'être remplacé par le nouveau. Mais c'était inévitable : le nouvel objet gagnait toujours. Jamais à ma connaissance — et Dieu sait qu'il eût été difficile de ne pas avoir connaissance de ces ravageuses passions — la chère femme ne réussit à rester fidèle à sa vieille flamme. Jamais elle ne put choisir. L'attrait de la nouveauté la fascinait au point de la priver de tout libre arbitre. Et allez donc ! Cela finissait toujours de la même façon : un jour, excédée de ses vieux liens, elle les secouait violemment au premier prétexte. Une gifle, zéro de conduite, la récréation passée en pénitence dans le coin et la pauvre délaissée comprenait, tout à coup, qu'elle avait cessé de plaire et que ce serait, maintenant, pour une autre que mère Saint-Fortunat se tripoterait le nez.

Qu'on ne se méprenne pas. Tout cela était platonique. De plus, si les petites filles s'y prêtaient, c'était bien davantage par intérêt que par réciprocité. D'ailleurs, les amours de couvent, pour ce que j'en sais, sont platoniques. La plupart des fillettes ont des sens trop endormis pour qu'il en soit autrement. Si ça ne dort pas tout à fait, ça ne va pas plus loin que le quant-à-soi. D'abord, elles n'auraient confiance en aucune partenaire, car les filles de cet âge sont de terribles délatrices, et tout compte fait, c'est plutôt au cœur que ça les tiendrait. Quand, vers quinze ans, elles s'éveillent un peu, c'est vers les collégiens qu'elles se tournent, sauf exception.

Sauf exception... Il m'est arrivé de surprendre un couple enlacé. On m'avait envoyé porter un livre dans la chambre d'une sœur et je n'avais même pas frappé, car c'était heure de cours et je croyais la sœur à sa tribune. Mais il paraît qu'elle s'était donné congé, car elle tenait dans ses bras une petite fille, nue jusqu'à la taille, et elle lui caressait le dos.

Encore que je me fusse retirée précipitamment en balbutiant un «pardonnez-moi» effaré, on ne m'avait pas prise pour une autre. Je m'en aperçus, le lendemain, à la lecture des notes. La religieuse commença par parler assez longuement de la calomnie, ce que nous écoutions d'une oreille sommeillante jusqu'au moment où elle nous réveilla par un cri qui m'était destiné.

— Levez-vous.

Un peu perdue, car je voyais mal ce que je venais faire là-dedans, je me levai. C'était encore une fois mon tour. Bon !

— Mes enfants, dit-elle avec de l'horreur mais de la décision dans la voix, vous avez devant vous la plus grande calomniatrice qu'on puisse trouver.

Je n'avais soufflé mot à qui que ce soit de ce que j'avais vu, aussi mes compagnes me regardaient-elles sans comprendre comme on regarde, au cirque, le plus gros homme du monde ou bien la femme la plus à barbe. Je n'avais, ces derniers temps, rien raconté d'extraordinaire et qu'on pût mettre en doute. La sœur — je n'ose plus dire la bonne sœur — tenait les yeux baissés sur ses mains jointes. Si, au moins, j'arrivais à capter son regard. Mais elle continuait, d'abondance.

— Mes enfants, je vous mets en garde, tout ce que dit cette élève lui est soufflé par le démon. Elle ment comme elle respire. Elle est capable des plus sales inventions. C'est l'âme la plus basse qu'il m'ait été donné de connaître.

Elle finit pourtant par lever les yeux. C'était le moment que j'attendais. Je lui décochai un pur regard que je tenais fin prêt, accompagné d'un triste demi-sourire, genre martyre de sainte Agnès.

— Assoyez-vous, cria-t-elle, toute sa contenance perdue.

Une fois assise, je me tournai vers la complice, une blonde et blanche bien dodue, pour voir comment elle avait l'air de prendre la chose. Elle avait l'air de trouver ça bien. À mon coup d'œil ironique, elle répondit par un coup d'œil ironique. Elle était prête à payer ses plaisirs le prix que cela coûtait, ce qui est une heureuse disposition.

Après la lecture des notes, plusieurs fillettes vinrent me questionner sur les raisons de cette histoire. Elles n'avaient jamais remarqué, chez moi, de tendances aussi sataniques et elles flairaient, là-dessous, quelque chose de pas catholique. Je n'eus pas le temps de décider si je parlais ou si je ne parlais pas, si je révélais ou si je ne révélais pas. La bonne sœur se précipita, m'empoigna et me mena jusqu'au coin le plus désert de la salle où, me dit-elle, je passerais mes récréations jusqu'à nouvel ordre. C'est-à-dire jusqu'au moment où s'émousserait la curiosité de mes compagnes, elle ne le dit pas, ce n'était pas nécessaire, car nous le savions toutes les deux. Moi et mon âme basse passâmes donc, une fois de plus, une couple de semaines au coin sans que cela nous ennuie beaucoup. La sœur, qui avait l'air de moins bien s'arranger avec la sienne d'âme, devint après cela fort nerveuse. Elle criait, au moindre prétexte, comme une perdue.

Si la faveur dont jouissait ma sœur me valait de la protection d'un côté, elle ne me valait rien du tout de l'autre. La deuxième maîtresse de la division ne prisait guère ces histoires sentimentales. Pour montrer sa désapprobation, elle prenait en grippe, l'une après l'autre, toutes les chéries de mère Saint-Fortunat. Ce n'était pas une bonne grosse, comme je l'avais cru. C'était une grosse. Elle avait le bras fort, nous ne mîmes pas de temps à nous en apercevoir. Un peu comme mon père, elle résistait mal à la tentation de sa force. Son coup de poing sur la tête — elle nous agenouillait devant elle avant de nous battre — nous faisait voir un assez complet assortiment de chandelles. Mais elle était bonne institutrice. Seulement, nous n'étions pas à l'âge où ceci fait pardonner cela. Je pense que, au fond, elle s'ennuyait à mourir en cet état où l'avaient peut-être poussée sa laideur et son obésité. Il m'est arrivé de converser avec elle dans un de ses bons jours — rares — et elle possédait, je dois le dire, un joli sens de l'humour. Impassible de visage, ce qui rend les bons mots toujours irrésistibles, elle en commettait de fort bien venus.

Nées trop tôt dans une société où les femmes se mariaient ou n'existaient pas, que de filles laides, à cette époque, prenaient le chemin du couvent où on les en-gluait dans la bêtise la plus plate et où leurs talents, souvent réels, ne leur servaient qu'à développer une bonne technique de la gifle ou du coup de poing. Nous ignorions que ces violences sont les soupapes de la sexualité contrariée. C'est dommage. La sexualité des sœurs, c'est ça qui nous aurait fait rire.

Sexualité ou pas, cette sœur-là, emportée par une sorte de vitesse acquise, se prit à céder de plus en plus souvent à sa violence. On racontait même qu'au cours d'une discussion elle avait giflé une autre religieuse, mais je n'y étais pas et, dans les couvents, ces ragots valent ce qu'ils valent. Seulement, j'étais bien là le ma-tin du dernier drame. Une de ces journées de pure mal-chance comme il y en a quelques-unes dans la vie. Une de ces journées où c'est écrit dans votre horoscope : ne faites rien, n'entreprenez rien, tenez-vous bien tran-quille, les astres sont contraires. Singulièrement dé-pourvue de science astrologique, la grosse sœur tomba dans les rets du destin.

Elle s'était levée, comme j'entendais dire en mon jeune âge, «le gros bout le premier» et elle se mit tout de suite à houspiller celle-ci et celle-là. Nous n'avions pas offert, et elle avec nous, notre journée à Dieu depuis dix minutes que, déjà, les coups pleuvaient. Puis sa rage se cristallisa sur une petite Leblond après qui elle se mit à courir le poing levé, la petite trottant devant. Au bout du dortoir, il fallut bien s'arrêter. Mais il y avait là un escalier qui ouvrait une gueule tentatrice. La grosse sœur n'y put résister. Elle y précipita la petite Leblond qui, avec une magnifique présence d'esprit, se mit à crier des injures de choix. C'était d'un dramatique inouï et nous prenions toutes un plaisir extrême à entendre la sœur se faire appeler « grosse vache », si bien que nous pensions peu à l'infortune de notre compagne dont c'était le corps, pourtant, qui faisait ces affreux bruits de chute derrière les cris.

— Que se passe-t-il ici? tonna une voix venue des profondeurs.

Arrivée au bout de sa dégringolade, l'enfant était tombée dans les bras de la Supérieure et c'était la grosse voix asthmatique de l'autorité que nous entendions sans parvenir à y croire, tellement c'était inespéré. De mémoire de pensionnaire, on n'avait jamais vu la Supérieure dans cet escalier à cette heure-là. La pure malchance. Sœur Saint-Jules était devenue d'un gros rouge apoplectique. Quant à la petite Leblond, elle gravissait péniblement les degrés, aidée de la Supérieure.

— Vous passerez à mon bureau après la messe, dit celle-ci à sœur Saint-Jules.

Ces choses-là, ce n'est pas juste, se passent toujours à huis clos. Après cette comparution, personne de nous ne revit jamais mère Saint-Jules. On ne nous en parla qu'une seule fois pour nous dire qu'elle était fatiguée. Il y avait de quoi. Ce fut, au reste, ce qu'on nous dit aussi, quand il fallut remplacer sa remplaçante, l'année suivante, vers la même époque.

Le temps était venu pour ma petite sœur Marguerite de communier. Il fut décidé que cela se ferait à Noël et, au début de décembre, elle vint nous rejoindre au pensionnat. Encore que les abords de son cœur commençassent à être noirs de monde, mère Saint-Fortunat accueillit cette deuxième sœur de l'objet aimé à bras ouverts. Elle était tellement ravie qu'elle organisa, le soir même de l'entrée de Margot, une représentation improvisée dans la seule intention de mettre toute la famille en vedette et de prouver qu'elle savait placer ses affections. Je chantai, je dis des fables et, quand je fus à bout, on demanda à quelques petites filles de dire des broutilles. Pendant ce temps, Françoise et Marguerite, derrière un piano, se préparaient et s'habillaient pour ce qui serait le clou de la soirée, ce que les religieuses appelaient un tableau vivant. Marguerite y devait personnifier sainte Thérèse de Lisieux enfant et ma sœur Françoise, la mère de sainte Thérèse. À la petite sainte, on avait fait enfiler de longs bas blancs — qui n'avaient rien à voir avec son uniforme noir — avec cette idée, je suppose, que c'est le meilleur endroit où porter le symbole de la pureté : quand les jambes résistent, tout tient. Seulement, on n'avait pas fixé les bas, croyant qu'ils se maintiendraient tout seuls. Ah ! ces symboles, toujours décevants ! Cela se mit à dégringoler dès que Margot fut en scène. Comme elle était bien élevée et rompue à la nécessité de porter ses bas tirés, que d'une main elle offrait un bouquet de roses de papier destinées à pleuvoir leurs pétales sur la terre, elle crut ne rien pouvoir faire de mieux que d'empoigner le haut de ses deux bas avec sa main libre et d'essayer de les fixer l'un à l'autre par un vif mouvement de torsion, cependant que, de tout ce que son petit corps terrifié comptait d'inoccupé, elle tentait, si grande était sa confusion, d'entrer dans les jupes de Françoise.

Le propre d'un tableau vivant, c'est de durer aussi longtemps que l'auditoire — et le tableau — peuvent tenir. Personne n'osait rire parce que toutes les fillettes savaient d'expérience qu'on ne riait pas de la sœur de l'objet aimé. Alors, elles étaient là, contemplant Marguerite aux prises avec ses symboles et cela dura tant que mère Saint-Fortunat eut envie de regarder ses chéries.

Marguerite fit sa première communion pendant la messe de minuit à Noël. Elle la fit sous un voile de tulle en lambeaux grâce à l'ingéniosité de sœur Saint-Arsène qui s'occupait des petites et qui, insatisfaite de la façon dont ce voile était retenu, entreprit de découdre le ruban et de l'arranger à son idée. Cette initiative se solda par quatre ou cinq longues entailles comme si la sœur avait été prise de la danse de Saint-Guy, les ciseaux à la main.

Françoise et moi, juste avant le cérémonie, nous rendîmes au dortoir des petites pour jeter un œil sur la toilette de notre cadette.

— Tu as vu mon voile? demanda Margot, la lippe dégoûtée. Dis, tu as vu mon voile?

Et tout le temps de la messe, on put la voir ramasser un triangle de tulle qui flottait à l'abandon et se le ramenant vers le milieu de la tête, puis un autre, puis le premier qui était retombé. Bref, encore une première communion de gâchée. Cela devenait tradition dans la famille. Toutes ces bonnes sœurs-là ne s'y seraient pas prises autrement pour fomenter la damnation éternelle de la lignée au complet.

Le lendemain, nous quittâmes le pensionnat pour les vacances de Noël. Maman était alitée et elle ne se leva que quelques minutes durant l'après-midi du premier de l'An. Mon demi-frère Gérard, déjà bien malade lui aussi, était venu nous visiter avec sa femme, Yvonne, et ce fut pour les recevoir que maman descendit. C'est tout ce dont je me souviens, cette heure unique. Le reste du temps, nous n'étions préoccupés que de silence et de calme. Nous, je veux dire les enfants. Quand Jupiter rentrait, le soir, c'était toujours le même tonnerre.

Il y a cependant une autre chose dont je me souviens bien et c'est le mot tonnerre qui m'y fait penser. Cette année-là, mon père acheta son premier appareil de radio. Dès après le dîner, il s'installait devant les boutons, poussait celui du haut-parleur bien à fond et se mettait à tourner les autres, comme s'il eût attendu un message dont l'avenir du monde eût dépendu, mais sans savoir sur quelle longueur d'onde cela lui parviendrait. Il ne voulait pas écouter une émission, il voulait seulement savoir ce qui se donnait ici, et là, et ailleurs aussi. Fanfare, bon. Discours politique, bon, bon. Opéra, parfait. Orchestre symphonique. Bruits parasites, tiens, tiens. Ce devait être — hélas! — un très bon appareil pour l'époque car nous prenions tous les postes de notre continent et peut-être des autres. (Je dis nous simplement pour éviter l'amphigouri, car nous, les enfants et maman, ne touchions jamais à cet appareil dont le contact s'établissait au moyen d'une clef que mon père gardait toujours dans sa poche.) Vers huit heures et demie, les garçons et les filles montaient dans leurs chambres où pour chacun commençait la nuit blanche, car il y avait déjà des Américains pour avoir inventé, malédiction! de diffuser jusqu'à quatre heures du matin. Nous nous retournions sans fin dans nos lits glacés. Au milieu des hurlements du soprano, des cris hystériques du prohibitionniste, nous entendions maman tousser, tousser. Puis, quand il n'avait pu, depuis une demi-heure, attraper autre chose que des bruits parasites, mon père se décidait à monter de ses gros pieds qui ont toujours ignoré la discrétion. Il claquait sa porte. Il lançait ses souliers. Nous aurions pu dormir, si la rage ne nous avait tous tenus éveillés jusqu'au jour. Rage inutile : un des droits que mon père avait acquis en naissant était de faire grand tapage dès que quelqu'un reposait.

Nous avions réintégré le pensionnat depuis une quinzaine quand Françoise fut rappelée à la maison de la même façon que Dine l'avait été. Son départ fut si précipité qu'elle ne vint pas me dire adieu et qu'elle n'emporta aucun de ses effets. À la récréation, mère Saint-Fortunat, les yeux rouges et la mine défaite, vint m'annoncer la nouvelle.

— Votre mère est allée se reposer chez votre grand-mère, me dit-elle, et Françoise est partie pour que votre sœur ainée ne soit pas seule.

Ce qui était arrivé, c'est que maman, sentant qu'elle n'avait plus que quelques jours à vivre, avait décidé d'aller les vivre dans la paix. Elle y avait été vivement poussée par ma sœur Dine qui, à dix-huit ans, avait assez de maturité pour comprendre que tout être humain a le droit de s'en aller en toute sérénité (mais ce ne fut qu'un an plus tard, quand mon frère Gérard viendra mourir à la maison paternelle, que Dine comprendra à quel ultime péril maman avait échappé). Maman, le matin de ce jour-là, avait donc téléphoné à grand-maman et lui avait fait part de son désir. Puis elle avait téléphoné à mon père. Je n'ai jamais su de quelle façon il lui répondit, s'il était d'accord ou non. Tout ce que je sais, c'est que mon oncle vint chercher maman à la fin de la matinée. On l'habilla, on la roula dans des couvertures et elle quitta pour toujours cette maison maudite qui pourrait être, s'il était vrai que l'on vient après la mort hanter les lieux où l'on fut malheureux, visitée par un plus grand nombre de revenants que n'importe quel château d'Écosse.

Malgré tous ces bouleversements, il ne me vint pas à l'esprit que maman allait mourir. Est-il normal qu'une fille sur le point d'avoir treize ans ne se rende pas mieux compte de ce qui se passe, surtout quand il s'agit de la maladie et de la mort prochaine de sa propre mère? Rien n'arrivait à susciter mes soupçons. Ainsi, peu avant la Noël, une des compagnes de Françoise avait demandé devant moi:

— Comment se porte madame ta mère?

La formule, peu en usage chez les enfants, m'avait donné envie de rire.

— De quoi souffre-t-elle? poursuivit Rolande.

— De tuberculose, répondit Françoise.

Mon envie de rire disparut d'un coup.

— Tu es folle, criai-je.

Mais la cloche annonçant l'heure de l'étude couvrit mon cri. Seule ma sœur l'avait entendu. Elle me jeta un curieux regard et me quitta pour prendre son rang. Je me souviens très bien de mon désarroi, mais je ne sais pas ce qu'il en advint. Je pense que je ne voulais rien savoir de tel et qu'avec la merveilleuse facilité que les enfants ont pour ce faire, je m'obligeais à l'ignorance. En tout cas, même après avoir constaté l'état où elle était pendant les vacances et m'en être inquiétée, quand j'appris que maman «avait été se reposer chez grand-maman» je n'y vis que motif à me réjouir et à me rassurer. Il semble que, tout ce temps, chacun autour de moi était au courant.

— Ton père ne te fait pas sortir en ville pour aller voir ta mère? me dit Hélène un jour de février.

Je rougis violemment. Bien que j'y pensasse sans cesse, je n'avais pas osé demander cela à mon père. Je savais bien qu'il ne comprendrait rien à ce désir. Au fond, je n'étais pas censée aimer maman plus qu'il ne l'aimait. Seulement, si j'avais su qu'elle était mourante, j'aurais ramassé mon courage. Hélène avait un père malade qu'elle allait voir toutes les semaines. Je n'aimais pas faire, sur mon père, des confidences à mes compagnes, car je connaissais, d'expérience, la cruauté que suscite chez l'enfant le malheur d'un autre enfant, mais il me parut que celle-là était disposée à comprendre.

— Si tu voulais, tu parlerais à Mère Supérieure. J'aimerais mieux ça que de le demander à mon père.

Hélène rougit à son tour et les larmes lui montèrent aux yeux, ce que voyant je me mis à pleurer aussi. Le jeudi suivant, au matin, Mère Supérieure me fit appeler et m'annonça qu'elle avait communiqué avec mon père et qu'il avait accepté que Françoise vienne me chercher pour me mener auprès de maman.

Je ne me souviens que d'un immense embarras. Celui que les enfants éprouvent à se tenir au chevet d'un malade qui ne peut presque pas parler. J'étais là, assise à gauche de maman, je ne savais pas quoi dire, j'avais l'impression de prendre de la place, de respirer l'air dont elle avait besoin, de la fatiguer. J'ai souvenir d'avoir dit quelque chose qui la fit rire et elle se mit à tousser. Grand-maman nous fit un petit signe, nous nous levâmes Françoise et moi et nous partîmes. Cette visite n'avait duré qu'une demi-heure et la preuve que je n'avais encore rien compris c'est que je m'en souvienne si mal de cette demi-heure. Si j'avais su, au moment de la vivre, que c'était la dernière, il me semble que je pourrais la raconter seconde par seconde.

J'avais congé pour tout l'après-midi. Qu'allions-nous faire, maintenant? Nous décidâmes d'aller chez tante Berthe (tante Berthe, c'était la femme du frère de maman) — ce que nous n'avions, pour ainsi dire jamais, la permission de faire — et d'en profiter pour lui annoncer que, depuis quelque temps, nous fumions la cigarette. À première vue, cette préoccupation semble trahir une certaine sécheresse de cœur. Mais je pense que Françoise se faisait, sur l'état de maman, illusion autant que moi. Je me souviens qu'elle me parla de guérison et de retour.

Mes sœurs et moi avions commencé à fumer pendant les vacances de Noël. En cachette, bien entendu, car si mon père nous avait surprises il nous aurait fait enfermer chez les filles repenties. Au fond, pour nous, ce n'était pas de fumer qu'il s'agissait. Il s'agissait d'un début de libération. Un pas. Dine et Françoise avaient commencé ça sans moi, puis elles m'avaient admises dans leur clan le jour où je les avais trouvées la cigarette aux doigts.

— Tu ne parleras pas?

— Jamais!

Sur la foi de quoi elles m'avaient donné une cigarette qui m'avait rendue bien malade. Après cette innovation, nous eûmes, toutes les trois, le sentiment vif que quelque chose était changé, que nous étions en train de rejeter de façon efficace la tyrannie de notre père. Un pas. Nous nous voyions déjà, de fil en aiguille, sorties de notre piège, mariées à de «chics types» qui nous feraient voyager, nous mèneraient au bal et au théâtre et nous laisseraient porter des robes décollettées. Nous en parlions dans les coins pendant des heures entières et nous rêvions de mettre oncle Eugène et tante Berthe au courant de notre évolution. Ils étaient jeunes, ils étaient à la page, nous étions sûres de trouver de l'appui de ce côté. Quand mes sœurs venaient me voir, au parloir, nous tenions des discours passionnés sur ces sacrées cigarettes et sur la nécessité de faire savoir à mon oncle et à ma tante que nous n'étions plus des sottes. Mais, comme nous ne les voyions presque jamais, c'était difficile. Aussi, quand nous nous trouvâmes dehors, Françoise et moi, nous apparut-il tout de suite que c'était le moment de passer à l'action.

Dans le tramway, nous répétions sans cesse :

— Pourvu qu'elle soit là!

— Comme elle sera surprise!

— Tu parles! Elle nous prend encore pour des saintes-nitouches.

C'est le cœur battant que nous sonnâmes à sa porte.

Après une demi-seconde d'attente, nous étions déjà prêtes à désespérer.

— Attendons encore un peu.

Enfin, la porte s'ouvrit. Tante Berthe nous accueillit sans pouvoir dissimuler un peu d'ennui. Nous n'en fûmes pas embarrassées : nous apportions des révélations propres à dissiper cet ennui. Elle nous fit asseoir dans le petit boudoir dont je me souviens qu'il était très très 1925, ce que l'on appelait le style *flapper* : sombre comme l'antre du diable, tendu de papier marine à peine éclairé de rares motifs orangés, boursouflé de coussins où les couleurs traditionnelles n'avaient pas leur place et tout piqué de bibelots étranges. Tante Berthe, minuscule dans sa robe chemise, ses cheveux noirs plaqués sur une tête déjà petite, trônait au milieu de ce décor.

— Je vais vous faire une tasse de thé, dit-elle soudain.

Françoise ne tergiversa pas plus longtemps.

— Nous pourrions d'abord fumer une cigarette, peut-être.

Tante Berthe faillit s'étrangler.

— Vous fumez?

Et comme si l'un n'allait pas sans l'autre :

— Dans ce cas, au lieu de thé, nous allons prendre du porto.

Pendant ce temps, Françoise avait entrepris de sortir ses cigarettes qu'elle tenait bien cachées dans le haut de son bas. Tante Berthe se récria et s'en fut chercher les siennes.

— C'est mon oncle qui sera surpris quand il saura ça, dis ma tante? Il n'en reviendra pas.

J'aurais aimé qu'elle lui téléphonât pour lui raconter les choses extraordinaires qui se passaient chez lui, ce jour-là. Mais la surprise de ma tante n'allait pas jusque-là.

Ce fut bientôt l'heure de partir. Nous reprîmes, l'une le chemin de la maison, l'autre, celui du pensionnat. Tout mon destin me semblait changé. J'avais le sentiment d'avoir remporté sur mon père une victoire que suivraient beaucoup d'autres victoires.

En racontant ces faits, je m'aperçois combien vifs sont demeurés mes souvenirs dans un cas et comme ils sont inexistants dans l'autre. Je n'en ressens pas de culpabilité. Je sais que cela ne venait pas de mon cœur mais des circonstances.

Mon père vint au parloir, le dimanche suivant.

— Sais-tu que c'est la Supérieure qui m'a téléphoné pour suggérer que tu ailles voir ta mère? me dit-il dès son arrivée. Qu'est-ce que c'est cette histoire? C'est toi qui lui as demandé de téléphoner?

— Non. C'est une petite fille dont le père est malade. Elle va le voir toutes les semaines et…

— Tu lui diras de se mêler de ce qui la regarde, répondit mon père. Quand je voudrai que tu ailles voir ta mère, j'en déciderai moi-même.

Aussi n'ai-je pas revu maman vivante.

C'est arrivé le 13 mars 1927. Le murmure que fait la mémoire autour de ce premier irréparable malheur ne se tait jamais. Après le petit déjeuner, je fus appelée au bureau de Mère Supérieure. Mère Saint-Fortunat était là. Elles me firent asseoir entre elles.

— Il y a longtemps que vous avez vu votre maman? demanda la Supérieure.

Je crus qu'encore une fois elle voulait m'envoyer la voir et je ne savais comment répondre. J'aurais préféré mourir plutôt que de répéter ce que mon père m'avait ordonné, plutôt que d'avouer quel père j'avais.

— Un mois, balbutiai-je.

Elles me semblaient pleines de tristesse et de compassion toutes les deux mais, hypnotisée par ma peur d'être obligée d'avouer la défense de mon père, je ne voyais pas plus loin.

— Vous allez être très courageuse, dit mère Saint-Fortunat.

— Oui... votre maman est morte ce matin.

Je ne sais plus bien. Il y eût d'abord ce sentiment d'incrédulité qui nous aide à traverser les premières secondes et puis les cris, les larmes, toute l'intempérance du désespoir innocent et, plus vague encore, la sensation de la toile blanche des guimpes sous ma tête, du breuvage chaud et poivré, de la sueur qui me mouillait les cheveux.

Quoique j'eusse assisté à la basse messe, mon père avait décidé que je devrais entendre la grand-messe aussi. Mère Supérieure, une adorable grosse femme, humaine et juste, semblait trouver que c'était trop me demander. Mais puisque mon père l'exigeait, elles choisirent de croire, toutes les deux, que cette piété était bien de mise et qu'une enfant qui venait de perdre sa mère ne pouvait mieux faire, en effet, qu'aller prier à l'église.

— Après la messe, je vous ferai reconduire en voiture, me dit la Supérieure. Votre père demande que vous apportiez le chapeau noir que Françoise a laissé ici.

Je n'avais guère l'habitude de la prière et ce qui venait d'arriver n'était pas de nature à m'y pousser. Je passai le temps de la grand-messe à maudire le sort, à maudire mon père et à souhaiter mourir. En sortant de l'église, je vis de loin le cocher qui m'attendait avec son traîneau, devant la porte du couvent. J'allai chercher le chapeau de ma sœur, je dis adieu à mère Saint-Fortunat et je partis. Quand j'arrivai près de la maison de notre fermier, celui-ci sortit et me cria que tout le monde était parti pour la ville et que je devais me rendre chez ma grand-mère paternelle. Je ne comprenais plus rien. On ne m'avait pas dit que maman serait exposée chez ses parents, on ne m'avait pas dit à quelle heure le reste de la famille comptait partir pour la ville. De plus, je connaissais mal le quartier où demeurait, maintenant, ma grand-mère paternelle et je ne savais comment m'y rendre. En maugréant, le cocher fit demi-tour et me conduisit à la petite gare où passerait le train qui me mènerait à Québec, Dieu seul savait à quelle heure. Je n'avais pas assez d'argent pour payer la voiture et j'eus toutes les peines du monde à faire comprendre au cocher qu'il devait se faire payer au couvent. Et je me mis à attendre. Il faisait froid. J'attendis presque une heure. Enfin, j'arrivai à la ville et, après avoir demandé mon chemin à je ne sais combien de gens, après avoir cru me perdre dix fois, je sonnai chez ma grand-mère paternelle. Ce fut ma tante qui m'ouvrit. Derrière elle surgit mon père.

— Peux-tu me dire ce que tu as fait? Crois-tu que je n'ai rien d'autre à faire qu'à t'attendre? As-tu apporté le chapeau de ta sœur?

Oui, j'avais le chapeau. Je le tendis à Françoise et je faillis éclater de rire à voir comme elle était fagotée. Au reste, Dine l'était de même. C'était ma tante qui s'était chargée, pendant la dernière semaine, de préparer le deuil de mes sœurs. Elle partageait avec mon père la haine des vêtements qui laissent deviner les formes du corps. Aussi avait-elle acheté des robes deux fois trop grandes. Non seulement on ne pouvait pas discerner la poitrine, qui était ce qu'on voulait d'abord cacher, mais on ne retrouvait même pas les épaules. Elles avaient l'air de deux pauvresses maigres à qui une grosse femme riche aurait donné ses robes.

— Eh bien! partons, dit mon père.

— Claire n'a pas mangé, dit timidement ma sœur Dine.

— Elle mangera ce soir.

Tante Maria me glissa une pomme et nous partîmes tous les huit, mon père devant et les sept enfants derrière. Encore un tramway. Mon père eut avec le contrôleur une acerbe discussion. Les enfants de six ans étant admis gratuitement, il aurait voulu faire croire que nous avions presque tous six ans. Or, même la plus jeune, Thérèse, n'avait plus droit à cette gratuité depuis janvier. J'étais écœurée. Il vint s'asseoir près de moi et me fit raconter ce que j'avais fait depuis qu'il avait téléphoné. Quand il apprit l'histoire de la voiture, il entra en colère.

— Te rends-tu compte que je vais être obligé de payer une voiture pour rien? Et je serais étonné que tu aies eu l'intelligence d'en profiter pour transporter ce que Françoise a laissé au couvent.

En effet, je n'avais pas eu cette présence d'esprit. Il le savait bien. S'il feignait de croire que j'aurais pu profiter ainsi de l'occasion c'était, en quelque sorte, pour me dénier tout droit au chagrin, pour affirmer qu'il n'y avait vraiment pas de quoi perdre de vue les petits problèmes quotidiens. Il parlait haut. Tout le monde regardait cette famille en deuil. Tout le monde écoutait cette histoire de voiture dont il aurait fallu profiter. Quand on a vécu cela, on sait qu'on ne peut pas mourir de honte.

Enfin, nous arrivâmes chez grand-maman. Sous l'œil de mon père, elle nous embrassa tous, chacun à notre tour. Sept petits automates raidis par la peur de laisser voir quelque faiblesse dont il leur serait tenu compte. Durant les deux jours que maman fut exposée, il ne cessa pas un instant de nous surveiller, le visage empreint d'une colère toute prête à éclater si l'un d'entre nous osait manifester sa peine. Et c'était un spectacle effrayant que de voir, autour du cercueil de leur mère, ces sept enfants aux yeux secs.

Elle était exposée au fond du salon. Sous la vitre du cercueil, son visage n'était pas paisible. Il était l'image même de l'inquiétude avec ses sourcils froncés et sa bouche crispée. J'ai su, bien plus tard, qu'elle avait passé ses derniers jours à se tourmenter de notre sort à tous, bien sûr, mais spécialement du mien.

— C'est celle qui aime le moins son père, répétait-elle.

Aimer moins n'était guère le juste terme, mais quand on va mourir, les justes termes de cet ordre…

Mon père partit enfin pour le presbytère de Beauport où il fallait arranger les funérailles et cela nous donna une heure de répit pendant laquelle nous pûmes accueillir notre peine comme un sentiment normal. Puis il revint.

— J'ai pris un service de deuxième classe, annonça-t-il d'une voix claironnante.

Ce disant, il regarda grand-maman avec un sourire arrogant. Puis il crut bon d'ajouter :

— Ça sera bien suffisant.

— Mais, bien sûr, murmura grand-maman.

Plus tard, la salle à manger étant envahie par les visiteurs qui refluaient du salon, elle nous fit manger, deux ou trois à la fois, sur la petite table de la cuisine. Je me mourais de faim, je n'y pouvais rien, c'était ainsi.

Je regardais mes sœurs qui semblaient avoir du mal à grignoter quelques bouchées et j'aurais voulu n'avoir pas plus d'appétit qu'elles. Mais c'était la journée de la honte, il fallait bien que j'en prenne tout mon parti.

Vers huit heures, mon père décida que c'était suffisant. Il nous ramena à la maison et nous nous couchâmes tout de suite après la prière du soir. À cette époque, tous les membres de la famille couchaient à l'étage, sauf moi qui occupais une des petites chambres que mon père avait fait aménager, à l'origine, pour loger les domestiques. En hiver, quand j'étais au pensionnat, une large trappe placée tout en haut de l'escalier retranchait cet étage de la maison, de façon à économiser le chauffage. Il y faisait donc presque aussi froid que dehors. Aussi, Dine voulut-elle me faire partager son lit. Mon père, qui avait de la colère en retard à cause de cette journée passée chez les autres, où il est toujours plus difficile de s'emporter, en profita pour éclater.

— Qu'est-ce que c'est que cette histoire? Pour quelle raison voulez-vous coucher dans le même lit? Mais vous n'avez donc que de mauvais instincts!

Écœurée une fois de plus, je montai dans ma glacière. Je n'ai jamais eu, je n'aurai de toute ma vie, je le sais, de nuit comparable à celle-là où la souffrance le dispute à l'abjection. N'eût été ce froid, j'aurais peut-être dormi et oublié, mais je ne dormis pas une seconde. Il n'y avait qu'une compensation: seule à mon étage, je pouvais pleurer en paix. En paix c'est, en l'occurrence, une bizarre expression. Depuis mes premiers souvenirs, je n'avais guère eu de paix, mais je connus, cette nuit-là, que je n'en aurais plus du tout et pour longtemps. À mon amour et à ma peine, se mêlait avec combien de raison, l'épouvante que m'inspirait l'avenir. Et ce mépris, et cette haine, et, toujours, ce froid cruel qui ne me laissait pas de répit. À la longue, il m'apparut impossible qu'un malheur exemplaire ne s'abattit pas sur mon père et ne nous en délivrât, mais après combien de mois, d'années? Malgré la détresse de cette nuit, quand je m'aperçus que le jour se levait je fus terrorisée. Où trouver la force nécessaire à vivre la journée qui venait?

Nous passâmes la matinée à la maison et ne retournâmes chez grand-maman qu'après le déjeuner. Tout fut comme la veille. Intimement avertis qu'il ne fallait montrer ni notre chagrin ni notre tendresse envers nos grands-parents, nous étions là comme sept petites bêtes effarouchées. Je me souviens de chaque visage, les scrutais sans cesse pour essayer d'y trouver un modèle, une sorte de juste terme où me tenir, tant j'étais terrifiée par le regard de mon père. Seules Marguerite et Thérèse avaient un air à peu près naturel, c'est-à-dire cet air profondément ennuyé qu'ont les petits quand le mystère de la mort surgit.

Dans le cours de l'après-midi, le prêtre qui avait assisté maman vint faire visite. Il ne dit qu'une courte prière après quoi il expliqua à mon père que maman n'avait certes pas besoin que l'on prie longuement pour elle.

— Pendant toutes mes années de ministère, je n'ai jamais rencontré une âme aussi près de la sainteté. Je ne crois pas qu'elle connaisse les flammes du purgatoire.

Le brave homme parlait les yeux baissés en quoi il était bien inspiré car la physionomie de mon père faisait peur à voir. Je pense que, s'il avait été seul avec son interlocuteur, il se serait jeté sur lui et l'aurait étranglé. Pour comble de malheur, nous étions tous là, autour, à écouter les pieuses paroles et cela risquait de fausser tout ce que nous devions croire. N'était-il pas entendu que le futur canonisé c'était lui? Peu à peu, ne recevant pas de réponse, le prêtre perdit contenance et partit.

Maman devait être enterrée le lendemain matin. Avant le départ, ce dernier soir, nous allâmes jeter sur elle ce que je ne peux guère appeler qu'un coup d'œil. Il n'était pas question de s'assurer, là, des souvenirs pour la vie. Pressez, pressez. Mais le suprême regard qu'un enfant pose sur sa mère n'a pas besoin d'être prolongé. Il embrasse tout, prestement, et ce souvenir est un trésor dont on ne le dépossédera pas.

Grand-papa et grand-maman nous embrassèrent et nous descendîmes l'escalier l'un derrière l'autre. Je quittai cette maison dans la miséricordieuse ignorance de l'avenir: je ne devais jamais y retourner.

La maison paternelle était glacée, comme à l'accoutumée, et nous fîmes la prière du soir dans les courants d'air habituels. Puis, en se relevant:

— Vous irez aux funérailles de votre mère, dit mon père.

À cette époque, seuls les hommes de la famille se rendaient à l'église pour cette cérémonie. Mais mon père en avait décidé autrement. La voix un peu hésitante, malgré qu'il en eût, il ajouta:

— Il ne faut pas croire tout ce que les gens disent... Ce prêtre est probablement un bon prêtre, mais il a pu être trompé. Pour ma part, je ne suis pas sûr que ce qu'il ait dit soit vrai.

Plus un seul d'entre nous ne respirait.

— J'aime autant dire les choses comme je les pense, continua-t-il. Je ne crois pas que votre mère soit sauvée.

Suivirent quelques phrases emberlificotées par quoi il tenta d'expliquer sa conviction. Il n'osait pas dire qu'il en avait reçu la révélation — le ridicule a des frontières qui se franchissent mal — mais il cherchait à le laisser entendre et, comme la subtilité n'était pas son fort, même les plus petits comprenaient. Seulement, pas un d'entre nous ne croyait ce qu'il disait, mais là non plus la subtilité n'était pas son fort. Dans sa triste vanité, il pensait qu'il n'avait qu'à parler pour nous convaincre, alors qu'au contraire il lui suffisait d'énoncer la chose la plus ordinaire pour que, tout de suite, nous nous disions : tiens, encore une chose qui n'est pas vraie.

J'écoutais, avec une sorte de mauvaise satisfaction, son discours embarrassé. Il ne me déplaisait pas de trouver cet homme encore plus méprisable que je ne l'avais cru. Quant à l'amour que je portais à maman, chaque mot de ce discours m'y enfonçait davantage.

La trappe était restée ouverte. Dine m'avait préparé une bouillotte. Je pus dormir. Le lendemain, mon père partit tôt avec les garçons. Nous, les filles, nous rendîmes à l'église directement. Nous prîmes place un peu à l'écart de sorte que nous pouvions pleurer tranquillement. On entra le cercueil que suivaient d'abord mes deux frères, puis mon père, grand-papa, mon oncle Eugène, mon oncle Lorenzo. De tous ces hommes, je ne regardai que grand-papa. J'étais, je ne sais pourquoi, stupéfaite de le voir remonter l'allée centrale de cette église où je venais tous les jours et où je n'avais jamais imaginé le voir. Quand, le jour de mon mariage, bien des années plus tard, je remontai cette même allée au bras de mon père, ce souvenir presque oublié me revint brusquement : grand-papa et sa barbichette qui piquait si fort les joues, le seul homme à qui j'ai porté ce sentiment filial que sans lui je n'aurais pas connu, grand-papa, me semblait-il, remontait la grande allée pour me donner en mariage.

À la fin de la cérémonie, le chantre entonna un cantique : « J'irai la voir un jour, au ciel dans ma patrie. » Je ne pus m'empêcher de trouver quelque ironie à ce choix et j'allongeai le cou pour regarder la tête que faisait mon père. Il marchait pesamment derrière le cercueil, le visage hargneux.

Dès le retour à la maison, il entreprit de nous démontrer que c'était un jour ordinaire en nous faisant exécuter toutes sortes de travaux. Si l'un d'entre nous paraissait un peu absent, il feignait de croire qu'il n'y avait vraiment aucune raison pour cela.

— On dirait que tu es dans la lune, ma parole. Que peux-tu bien avoir pour être aussi distrait ?

— Oh rien ! étions-nous bien forcés de répondre.

Ottawa — avril 1957 — août 1965.

BIBLIOGRAPHIE

Œuvres de Claire Martin

Avec ou sans amour, nouvelles, Montréal, Le Cercle du livre de France, 1958, 186 p.

Doux-amer, roman, Montréal, Le Cercle du livre de France, 1960, 192 p.; Montréal, Bibliothèque québécoise, 1999, 216 p.

Quand j'aurai payé ton visage, roman, Montréal, Le Cercle du livre de France, 1962, 187 p.

Dans un gant de fer [premier tome : *La joue gauche*], récit, Montréal, Le Cercle du livre de France, 1965, 235 p.

La joue droite [deuxième tome de *Dans un gant de fer*], récit, Montréal, Le Cercle du livre de France, 1966, 210 p.

Les morts, roman, Montréal, Le Cercle du livre de France, 1970, 152 p.

«*Moi, je n'étais qu'espoir*», pièce en deux actes tirée du roman *Les morts*, Montréal, Le Cercle du livre de France, 1972, 54 p.

La petite fille lit, récit, Ottawa, Éditions de l'Université d'Ottawa, «Textes, 2», 1973, 18 p.

Le choix de Claire Martin dans l'œuvre de Claire Martin, anthologie, Charlesbourg, Les Presses Laurentiennes, «Le choix de…», 1984, 79 p.

Toute la vie, nouvelles, Québec, Éditions L'Instant même, 1999, 110 p.

Études (choix)

DALLARD, Sylvie, «*Dans un gant de fer*, mémoires de Claire Martin», dans Maurice LEMIRE [directeur], *Dictionnaire des œuvres littéraires du Québec*, t. IV : *1960-1969*, Montréal, Éditions Fides, 1984, p. 244-246 [longue bibliographie].

KAYE, Françoise, «Claire Martin ou le "je" aboli», *Coïncidences*, mai-décembre 1980, p. 49-58.

THÉRIO, Adrien, «Et voici le père. *Dans un gant de fer* de Claire Martin», *Livres et auteurs canadiens*, 1965, p. 49-51.

V<small>IGNEAULT</small>, Robert, *Claire Martin: son œuvre, les réactions de la critique*. Préface de Roger Le Moine, Montréal, Le Cercle du livre de France, 1975, 216 p. [v. p. 123-159].

Bibliographie établie par Aurélien Boivin
Département des littératures
Université Laval (Québec)